conversando com o CORAÇÃO

conversando com o CORAÇÃO

Lise Janelle

Tradução de
Mayara Leal e Thayná Neto

MAGNITU^DDE

Conversando com o coração
Título original: *Conversation with the heart*
Copyright © 2009 by Lise Janelle

Copyright desta tradução © 2015 by Lúmen Editorial Ltda.
Todos os direitos reservados.

Magnitudde é um selo da Lúmen Editorial Ltda.
1ª edição – maio de 2015

Direção editorial: *Celso Maiellari*
Direção comercial: *Ricardo Carrijo*
Coordenação editorial: *Casa de Ideias*
Projeto gráfico, capa e diagramação: *Casa de Ideias*
Impressão e acabamento: *Yangraf Gráfica*

Dados Internacionais de Catalogação na Publicação (CIP)
(Câmara Brasileira do Livro, SP, Brasil)

Janelle, Lise.
   Conversando com o coração / Lise Janelle ; [tradução Mayara Leal e Thayná Neto]. – 1. ed. – São Paulo : Magnitudde, 2015.

   Título original: Conversation with the heart.

   ISBN: 978-85-65907-32-3

   1. Autoajuda 2. Autorrealização (Psicologia) – Conduta de vida 3. Crescimento pessoal 4. Crescimento espiritual 5. Evolução humana I. Título.

15-02447   CDD-158.1

Índices para catálogo sistemático:
1. Evolução pessoal : Psicologia aplicada
158.1

MAGNITU^DDE

Rua Javari, 668
São Paulo – SP
CEP 03112-100
Tel./Fax (0xx11) 3207-1353

visite nosso site: www.lumeneditorial.com.br
fale com a Lúmen: atendimento@lumeneditorial.com.br
departamento de vendas: comercial@lumeneditorial.com.br
contato editorial: editorial@lumeneditorial.com.br
siga-nos nas redes sociais:
twitter: @lumeneditorial
facebook.com/lumeneditorial

2015

Proibida a reprodução total ou parcial desta obra
sem prévia autorização da editora
Impresso no Brasil – *Printed in Brazil*

Dedico este livro a todas as pessoas que estão comprometidas em viver uma vida mais consciente. Quanto mais pessoas se dedicam a ouvir e a agir com base no desejo do seu coração, mais amor e respeito desenvolvemos por nós mesmos, pelos outros e pelo ambiente: nós impactamos o mundo.

Também dedico este livro a meu pai, a meu irmão e a Soeren, que já deixaram o plano físico, mas ainda vivem em meu coração.

Agradecimentos

Muitas pessoas me ajudaram a tornar este livro realidade. Gostaria de agradecer a Diane Andonovski, que vem sendo uma fonte afetuosa de apoio e desafio; sem ela, este livro jamais teria sido escrito. A David Buck, que me deu coragem, amor incondicional e oportunidades para ensinar este conteúdo; obrigada por acreditar em mim. Ao Dr. John Demartini, que me deu a base para a jornada que tornou possível escrever este livro. Aos Drs. Deb e Scott Walker, pelo incrível trabalho que é a NET. A Laura Armstrong, cujo amor e edição me ajudaram a esclarecer minhas "dúvidas de escritora". A Norma Wick, pela sua contribuição, suas ideias e suas citações. A Jennifer Cook, Victoria White e Sumi Mehra, por me ajudarem a editar e transcrever o livro. À minha família, amigos, pacientes, alunos e clientes do *coaching*, que proporcionaram experiências, amor e histórias para este livro. Aos meus amigos do Transformational Leadership Council*, que me inspiraram e ajudaram a dar vida a este trabalho.

---

*   Grupo de líderes de *coaching* (N. T.).

Além disso, gostaria de agradecer a Deus/ao Universo pelo amor que recebi e pela vida maravilhosa que tenho. E por último, mas não menos importante, agradeço ao Sr. Pitou por sua paciência e companhia constante, enquanto eu passava horas a fio sentada em frente ao computador sem interagir com ele.

Sumário

Prefácio 11

Introdução 17

Um   Conversa com o coração 35

Dois   O Jogo da Criação 67

Três   Explorando o Jogo da Criação 81

Quatro Espelho, espelho meu, existe alguém mais
belo do que eu? 101

Cinco   Você atrai, cria ou se transforma em tudo aquilo
que você não ama 123

Seis   O que mais falta é o que se torna mais valioso.......149

Sete   Vícios: como nos entorpecemos enquanto
não conseguimos nos conectar com o coração.......173

Oito Relacionamentos: duas conversas com
o coração 201

Nove O que estou fazendo com a minha vida? 241

Dez Ouvindo o coração 255

Prefácio

Desde que eu me entendo por gente, um dos meus maiores desejos sempre foi ter um avô sábio e carinhoso, que me sentasse em seu colo e me contasse histórias sobre o mundo e o universo. Como eu venho de uma ascendência franco-canadense muito humilde, adquirir esse tipo de conhecimento não era a maior prioridade para a minha família: não havia ninguém em meu círculo imediato que pudesse preencher esse vazio. Certa noite, um tio que falava inglês e vivia muito longe fez uma rara visita à nossa casa. Ele se sentou com as crianças no quintal e começou a nos ensinar os nomes das estrelas e constelações. Nunca me esquecerei da alegria que senti naquela noite e da sensação de viajar pelo universo por meio dos conhecimentos dele. Isso aconteceu apenas uma vez, mas o poder e a beleza daquela experiência estarão para sempre gravados em minha memória. Nunca cheguei a agradecer-lhe, mas sempre serei grata ao meu tio por abrir meu mundo à possibilidade de sonhar. Olhando para trás, talvez aquele tivesse sido o começo de uma conversa com o meu próprio coração, e a minha primeira pista de que o coração não apenas ouve – ele responde –, mesmo que às vezes não estejamos completamente conscientes de que os nossos desejos estão sendo atendidos.

Como eu não podia viajar quando era criança, encontrei formas inteligentes de explorar o mundo. Descobri que com uma mixaria de dinheiro poderia comprar selos de qualquer país que eu pudesse imaginar. O jornal costumava fazer pequenos anúncios na seção de quadrinhos de sábado. Por 25 centavos, você recebia um pacotinho com selos de diversos países. Eu ficava muito empolgada com isso. Mas não estava tão interessada em colecionar os selos quanto estava em me imaginar indo para cada um daqueles países, aprendendo sobre eles e vivendo a experiência de conversar com as pessoas que moravam neles. Do meu jeitinho, começava a reunir as informações que me interessavam através de leituras e da aprendizagem de coisas novas a cada oportunidade que tinha. Todo sábado de manhã, lia um livro antes de sair da cama. Tentava escolher histórias diferentes, e me lembro de ter passado algum tempo escolhendo livros sobre mitos egípcios que davam asas à minha imaginação.

A necessidade de ler e imaginar coisas vinha, em parte, da tentativa de escapar da minha dinâmica familiar, que era desafiadora. Meu pai tornara-se muito assustador para mim enquanto lutava contra o alcoolismo. Ele era muito infeliz, rigoroso e imprevisível. Quando criança, sentia que não era amada nem merecedora, e jurei que jamais cometeria os mesmos erros quando tivesse meus filhos. Em uma tentativa de me tornar *boa o bastante* para que meu pai me amasse, me concentrei em ser bem-sucedida. Aquilo me levou a ser uma aluna exemplar, campeã canadense de canoagem, a conquistar um diploma em quiropraxia e, finalmente, a abrir uma clínica de sucesso, a qual me deixava feliz por ajudar na cura das pessoas. O *"vazio"* proveniente dessa percepção de *"falta de amor"* me deu determinação e coragem. Ele se tornou a força motriz de que eu precisava para iniciar uma jornada que abriria meu coração, bem como revelaria meus maiores dons e valor.

O fato de o meu pai ser tão assustador foi o que me fez jurar que eu jamais seria ruim com meus próprios filhos. Deixaria que eles fossem crianças: que brincassem, dessem risada e vivessem sem preocupações. Felizmente, tive uma cachorra antes de ter filhos, e eu a mimei até não poder mais. Permiti que ela se comportasse como um filhote – sem ordens nem exigências –, oferecendo apenas um monte de carinhos na barriga, beijinhos e liberdade. Um dia, eu a levei para fazer compras comigo. Era época de Natal, e o estacionamento estava lotado. Dirigi até as últimas vagas que haviam sobrado na cobertura, estacionei e saí do carro. Antes que eu pudesse fechar a porta, ela pulou para fora do carro e começou a correr. Gritei para que ela parasse, voltasse e sentasse, mas – como eu não a havia ensinado a seguir ordens –, ela simplesmente pulou por cima do muro de cimento, como se estivesse brincando no parque, caiu de sete andares e morreu. Embora eu estivesse convencida de que estava demonstrando amor pela minha cadelinha, minha falta de disciplina a matou. Em contraste, o ambiente rígido em que fui criada fez com que eu desenvolvesse o desejo, a vontade, a determinação e as habilidades necessárias para me aventurar pelo mundo sem medo, conquistando tudo o que estivesse ao alcance de uma jovem mulher. Aprendi uma lição de humildade com minha tolice e minha reação aos eventos passados.

Já com vinte e tantos anos, minha busca por conhecimento, compreensão e cura me levaram a conhecer um indivíduo fascinante. O Dr. John F. Demartini tem sido meu professor, guia e mentor desde então. Ele é uma incrível fonte de histórias e informações sobre o universo, seu funcionamento e relacionamento com o nosso mundo. Embora seja muito mais próximo de mim em idade, ele se tornou a influência característica de um avô que eu sempre quis quando pequena. Muito do que você está prestes a ler neste livro foi baseado nos princípios que ele me ensinou. No entanto, eu os adaptei à minha própria identidade, talentos especiais, interesses e experiências.

Não tenho dúvidas de que minha infância teve grande influência na minha vontade de explorar o mundo e o universo, e, mais tarde, no desejo de entender a natureza da plenitude humana. Isso me levou à minha base profissional como quiroprática holística e líder de seminários transformacionais. Já ajudei milhares de pessoas a recuperar a saúde por meio do "bom senso básico". Fiz isso durante 22 anos, usando a premissa de que o corpo naturalmente quer ser saudável, e que precisamos apenas remover as barreiras que interferem no caminho da sua energia curativa para recuperar a saúde.

Agora, utilizo uma premissa similar quando realizo *coaching* com as pessoas: o estado natural do ser humano é experimentar alegria, amor e gratidão, e nós só temos dificuldades em experimentar esse estado quando existe algo bloqueando a conexão com o nosso coração. Todos nós procuramos o amor, mas só quando passamos a enxergar a verdade é que descobrimos que ele esteve lá o tempo todo.

Tomei coragem para escrever este livro enquanto liderava um retiro silencioso em uma tenda berbere no deserto de Marrocos (progredi bastante desde quando viajava apenas por meio de selos). Estava ajudando um poderoso homem de negócios em um exercício no qual você aprende a abrir seu coração para si e para as pessoas que fazem parte da sua vida. Ele realmente teve êxito e foi capaz de experimentar o amor e a gratidão em um nível profundo. Adoro aqueles momentos em que vemos a perfeição e a beleza de nossa vida, ainda que, apenas algumas horas antes, estivéssemos nos sentindo desencorajados, desapontados, deprimidos e até mesmo amargurados! Naquele momento de cura e transformação, decidi que deveria tentar ajudar quantas pessoas pudesse a ter essa experiência.

Durante as milhares de horas que passei trabalhando mente/corpo/coração, notei alguns padrões básicos que são comuns a todos nós. Meu propósito ao escrever este livro é compartilhar com você aquilo que serviu tão bem a mim e aos meus clientes. A boa notícia é que não é muito complicado recuperar-se ao ponto de experimentar a conexão com o seu coração e voltar a ser saudável. Assim que você se abrir para enxergar a perfeição da sua vida, exatamente da forma que é, terá conseguido. Desde o instante em que você passou a existir, tem atraído para a sua vida pessoas e experiências destinadas a fortalecê-lo – ajudá-lo a tomar consciência do seu coração, a abri-lo e a atingir o máximo do seu potencial. Se não conseguirmos enxergar a proposta divina desses eventos e encontros, podemos acabar nos sentindo derrotados, maltratados, deprimidos ou insatisfeitos. Meu desejo é ajudá-lo a reconectar-se com seu coração através da compreensão, da gratidão e do amor. Conhecendo e aceitando sua essência, você conseguirá desvendar o seu bem maior: o verdadeiro propósito da sua vida.

Introdução

Sabe quando dizem que nós usamos apenas dez por cento do nosso cérebro? Eu acho que só usamos dez por cento do nosso coração.

(Faber & Fisher)

Após anos estudando, vivendo, ensinando e trabalhando com milhares de pessoas, estou convencida de que uma conexão saudável com o coração é a única forma de experimentar uma vida plena. Muitas vezes, ouvimos que "a resposta está em nosso coração", o que parece ser bom, mas ninguém nos ensina como nos conectar com ele. E esse é meu objetivo com este livro: compartilhando histórias e exercícios, vou fornecer a você algumas experiências concretas de como é ter uma conversa com o coração.

É assim que as pessoas descrevem como se sentem quando *não estão* em sintonia com seu coração:	É assim que as pessoas descrevem como se sentem quando *estão* em sintonia com seu coração:
Estressadas	Sentimento de segurança
Deprimidas	Serenidade
Temerosas	Calma

continua

continuação

Sem esperança	Esperança
Com raiva	Gratidão
Ressentidas	Boa vontade
Com problemas para dormir	Facilidade para adormecer e continuar dormindo
Dificuldade na digestão, pressão alta, queda de imunidade	Bem-estar
Mal-humoradas e impacientes	Paciência e descontração
Solitárias	Conectadas e amadas
Cansadas	Abertas à vida
Músculos tensionados no pescoço e nas costas, dores de cabeça	Corpo mais relaxado
Confusão mental	Mais sabedoria nas tomadas de decisão
Insegurança	Sentimento de abundância
Preocupação excessiva/ansiedade	Relaxamento
Hesitação	Certeza

Existe uma expressão muito popular que diz que as pessoas estão *de coração partido* quando ficam muito tristes, mas eu acredito que nós não *partimos* o coração; apenas nos desconectamos dele. Já vi muitos clientes se livrarem rapidamente de seus corações partidos. Nós só precisamos nos reconectar com ele para sentir alegria novamente. O coração é a conexão que temos com a nossa alma, que é imortal. Ele é o âmago do nosso ser e não consegue sentir emoções – apenas experimenta o amor. Nós, seres humanos, vivemos de acordo com três guias principais: nossa mente, nossas emoções e nosso coração. A partir da conexão com o coração, somos capazes de experimentar a essência divina. Sem estar conectado ao seu coração, você acaba se tornando prisioneiro do seu cérebro ou das suas emoções e incapaz de vivenciar aquilo que você procura: amor, segurança e plenitude totais.

Não importa se você tem uma conta bancária astronômica, o melhor parceiro, beleza, fama: você não sentirá alegria se não se conectar ao seu coração.

Assim como precisamos de olhos para ver e ouvidos para ouvir, precisamos estar conectados com o nosso coraçação para experimentar a alegria e a plenitude.

Ao desenvolver uma profunda consciência e dominar a arte de conversar com o seu coração, você experimentará uma vida alegre, bela, e cheia de amor e gratidão: os turbilhões emocionais são consequência de estar desconectado do seu coração.

A maior parte das pessoas passa sua vida inteira ouvindo o que seus familiares, cônjuges, a sociedade ou a cultura esperam que elas façam. Elas não tiraram um tempo para parar, ouvir o que realmente importa para elas e agir de acordo com os seus desejos. Garanto que, se você se dedicar a *ouvir o seu coração* e começar a *agir* com base no que ele está lhe dizendo, encontrará o que quer que esteja procurando.

É simples: precisamos prestar atenção e agir, em vez de procurar aquela pessoa ou aquilo que fará com que nos sintamos "felizes".

A coisa mais importante que o seu coração quer que você escute e saiba é: *você é digno de amor! Ele quer que você se dedique a descobrir isso.* É tão interessante perceber como a maioria de nós espera que as pessoas de fora façam com que nos sintamos bem e nos amem mais do que somos capazes de amar a nós mesmos. Não podemos ser preguiçosos e esperar que o mundo externo nos dê algo que não estamos dispostos a dar a nós mesmos. Uma vez que começamos a ouvir e agir de acordo com os desejos do nosso coração, a vida se torna um jogo fascinante. Quando estamos completamente comprometidos com o jogo, sentimos o mesmo tipo de plenitude que pais experimentam quando se doam inteiramente a seus filhos. É a profundidade do envolvimento que cria a plenitude.

Quando você se ama o suficiente para ouvir conscientemente e apoiar os desejos do seu coração, você começa a pensar, falar e agir de forma diferente. Em contrapartida, atrai pessoas para apoiá-lo, porque começou a apoiar a si mesmo. Isso lhe traz energia e vitalidade, melhores oportunidades de emprego e melhores perspectivas financeiras. Enquanto esperarmos que o mundo exterior nos dê aquilo de que precisamos, não conseguiremos alcançá-lo. E, se conseguirmos atrair algo, não permanecerá em nossas mãos.

Ouvir e agir com base nos desejos do seu coração faz parte do processo de despertar espiritual, e provavelmente é um dos projetos mais ambiciosos que você pode assumir. Isso geralmente acontece quando passamos por algum tipo de crise em nossa vida. Quando cansamos da insatisfação com a vida, ou quando começamos a sentir que *a vida deve ser mais que isso.* E isso também pode ser fruto de inspiração. Os resultados valerão cada minuto do seu esforço. O desejo de viver conscientemente a partir do seu coração é o passo mais importante, pois é a força motriz da manifestação. Você não precisa se concentrar tanto em *como* chegar lá, mas simplesmente no *que* quer e saber o *porquê* (pois é isso que faz com que a intensidade do desejo se torne maior). Quando você reconhecer isso, ou tiver uma intenção, então encontrará o seu caminho, já que passará a atrair tanto o apoio quanto o desafio necessários para ajudá-lo a viver os desejos de seu coração.

Muito do que estou prestes a compartilhar com você ao longo deste livro aprendi ministrando um seminário e uma série de tele-aulas que eu chamo de "Extreme Freedom" (liberdade extrema, em português). O objetivo do seminário é ajudar as pessoas que estão no caminho para viver uma vida plena e dar a elas as ferramentas necessárias para alcançar essa meta. Escolhi a palavra "Extreme" inspirada no campeonato mundial de esportes radicais "X-treme Games" e "Freedom" sendo a *capacidade de expressar-se completamente.*

A liberdade é a capacidade de se expressar completamente ouvindo e agindo de acordo com os desejos do seu coração.

Escolhi esse título porque conheci participantes em meu seminário que conseguiam pular de *bungee-jump* ou de paraquedas, mas tinham uma enorme dificuldade em encarar os lados de luz e de escuridão de si mesmos. Desapegar-se do seu ego pode ser uma coisa muito assustadora quando se constrói uma vida inteira em torno dele. Viver uma vida na qual você se expressa plenamente requer coragem, exatamente como praticar esportes radicais emocionantes: você pode conseguir tomar coragem e pular de paraquedas, ou pode se sentir inspirado a ir atrás da experiência extrema de conhecer e amar a si mesmo.

Meus seminários, da mesma forma que este livro, são dedicados às pessoas que estão dispostas a fazer o que for preciso para ter uma vida plena e/ou que já fizeram algum tipo de trabalho de desenvolvimento pessoal. O que ensino é desafiador: *seu desejo de experimentar a plenitude deve ser maior que todos os medos que você precisa confrontar.* Na minha opinião, baseada nas experiências que já tive, acredito que qualquer pessoa com um desejo intenso de viver uma vida repleta de felicidade consiga isso. Só precisamos estar dispostos a nos comprometer completamente com o processo. Em longo prazo, isso é muito mais inspirador que pular de paraquedas ou de *bungee-jump*, e tão emocionante quanto. Quando vivemos conectados com o nosso coração e baseamos as nossas ações nele, nos sentimos livres e vivos.

Você atraiu este livro para a sua vida porque ele é parte do seu *grupo de apoio*. Escolha o que julgar certo; você atrairá mais ajuda ao longo do caminho. Um livro estimula a mente por natureza. Você se beneficiará mais deste se separar um tempo para fazer os exercícios, bem como sentir e refletir sobre as palavras que ler.

Acessamos o coração quando experimentamos nossas emoções, enquanto usamos nossa mente com o propósito de encontrar a verdade. Como você está lendo este livro, sei que existe uma parte de você que deseja o calor, o amor e a paz interior que resultam de se conectar com o coração. Abra-se a isso e deixe tudo acontecer.

Exercício

Cite algumas coisas com as quais você se sente frustrado pelo fato de não ter porque as pessoas ao seu redor (cônjuge, parentes, amigos, chefes, colegas de trabalho) não lhe deram.

Qual plano você é capaz de pôr em prática agora para conseguir essas coisas por si mesmo?

Ao prestar atenção nesses desejos, você estará prestando atenção nos desejos do seu coração. Assim que você começar a se desafiar a agir com base neles, o mundo ao seu redor começará a apoiá-lo.

Mapa da evolução espiritual humana
Diagrama 1

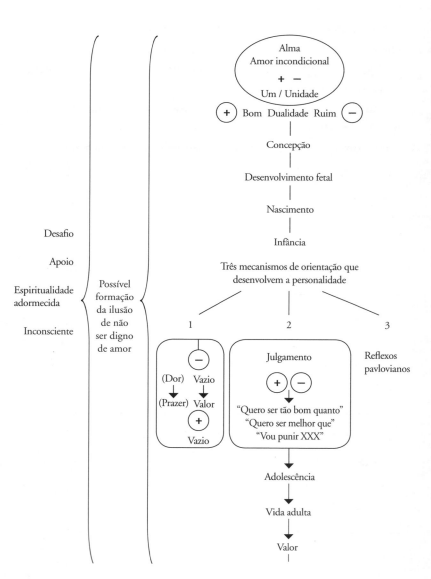

Diagrama 2

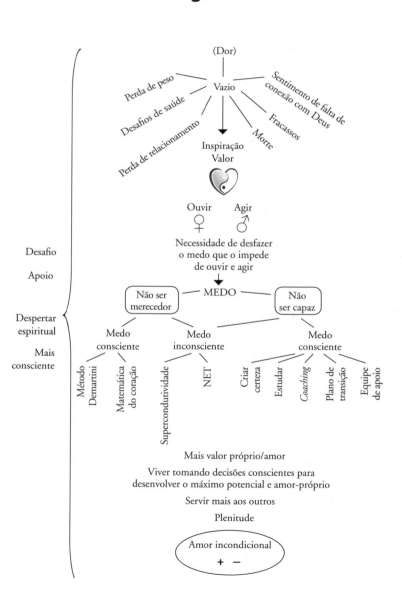

Explicação do mapa da evolução espiritual humana

O mapa anterior é o modelo no qual eu baseio o meu trabalho. Ele representa a forma como eu vejo o processo evolutivo espiritual dos humanos e explica, em resumo, o livro inteiro. Ele é a base que eu uso para libertar meus clientes, bem como ajudá-los a experimentar a plenitude e o verdadeiro sucesso. Caso isso seja intenso demais para você, ou se você sentir que é complicado demais, leia o livro e volte aqui depois. Será mais fácil de entender.

Somos seres espirituais em uma aventura humana. Estamos envolvidos em um jogo que nos leva a redescobrir nossa essência divina e experimentar o amor verdadeiro que resulta da conexão com a nossa alma. Somos guiados de volta a isso através de apoio e desafios, constantes e equivalentes, desenvolvidos especificamente para cada um de nós durante toda a nossa existência. Os desafios nos lançam em jornadas que nos tornam mais fortes; de fato, eles são um apoio. Se tivéssemos apenas apoio, ficaríamos mais fracos e, consequentemente, nos sentiríamos desafiados. Quando entendemos o princípio de desafio/apoio, conseguimos sentir gratidão mais facilmente e acessar nosso coração.

Pode haver duas fases no processo evolutivo da nossa existência. A primeira (representada pelo diagrama 1) é a fase inconsciente, adormecida ou reativa, quando não temos ciência da nossa conexão com a essência divina. Continuamos buscando a plenitude fora de nós mesmos, tentando atingir metas nos oito ambientes diferentes em que podemos atuar.

Então, alguns de nós passam por uma segunda fase (representada pelo diagrama 2), que é a fase consciente, desperta ou ativa, na qual tomamos consciência do nosso coração. Começamos a acordar e a entender que o que nos faz sentir completos não são as coisas que conquistamos ou recebemos do mundo exterior, mas o alinhamento das ações cotidianas com o nosso coração, que é guiado pela nossa alma. Nosso coração pode nos guiar mais facilmente quando sentimos gratidão, o que acontece quando encontramos a perfeição nos desafios que encaramos durante a vida. Essa fase ocorre mais frequentemente na vida adulta, mas também pode acontecer a qualquer momento.

Antes da jornada humana começar, somos amorfos. Nossa alma é a conexão com a essência divina, que é o amor incondicional. Ela não possui expressão física. O amor não é uma emoção, é a nossa essência. Da mesma forma que a luz, ele compreende tanto polaridades positivas quanto negativas, em perfeito equilíbrio como um só. O amor não é condicional, não varia; é constante. Quando amamos de verdade, nós o fazemos independentemente de o objeto do nosso amor ser agradável ou não. O amor é a nossa essência. Quando nos reconectamos com ele, sentimos como se vivêssemos em um paraíso na Terra: ficamos gratos, amamos e nos sentimos amados.

Então, somos concebidos e tomamos forma, o que exige certa dualidade para se expressar: luz/escuridão, espírito/matéria, bom/mau, prazer/dor, *yin/yang*, ouvir/agir, feliz/infeliz etc. Como dependemos de ajuda exterior para sobreviver, começamos a ter a ilusão de que podemos encontrar segurança e plenitude fora de nosso coração. É então que começa o jogo de encontrar nosso caminho de volta à nossa essência, porque o que sentimos que está faltando (o vazio) torna-se valioso.

Porque buscamos amor fora de nós mesmos, experimentamos emoções que variam em intensidade, dependendo da dificuldade do desafio e do quanto estamos conectados com o nosso coração. Quando estamos desconectados, experimentamos emoções e pensamentos fortes, que nos levam por caminhos destinados a nos tornar *conscientes* de que temos a ilusão de que não somos amados.

À medida que começamos a despertar, podemos usar nossa mente para encontrar a perfeição nos eventos da nossa vida, o que nos ajuda a sentir gratidão e nos reconectar com o coração. Se prestarmos atenção, as emoções podem nos guiar de volta ao nosso coração com a ajuda da mente, encontrando o apoio que veio junto do desafio.

Desde o momento em que somos concebidos até nosso último suspiro, deparamos com muitas situações que criam a ilusão de que não somos dignos de amor ou estamos desconectados da fonte. Nós jamais chegamos a nos desconectar realmente, considerando que temos acesso ao amor/alma/Deus quando nos sentimos gratos. Alguns dos meus clientes me disseram que se sentiam punidos por Deus ou desconectados desde que foram concebidos. Então, durante o desenvolvimento fetal, outros relataram que se sentiam indesejados, que eram uma fonte de estresse, em vez de alegria, para os seus pais, ou que nasceram *do sexo errado*, por exemplo. Esses motivos também podem criar a ilusão da falta de merecimento. No entanto, em minha opinião, o momento em que as pessoas geralmente começam a ter a ilusão de que não podem ser amadas ou não são dignas de amor é durante o nascimento.

Muitos bebês sentem que vão morrer durante o parto. Acredito que isso acontece em parte porque a mãe fica aterrorizada pela intensidade da própria dor, depositando no bebê os medos dela. O parto também é bastante chocante, considerando que deixamos um ambiente quieto e sereno através de um grande solavanco e uma expulsão descontrolada, causando uma sensação de estar sendo punido ou maltratado. Então, imediatamente depois que conseguimos passar pelo parto, somos levados para longe de nossa mãe (prática que ocorria até alguns anos atrás). Não era permitido que os bebês fossem acalmados pela mãe depois dessa aventura traumática. Como resultado, muitas pessoas possuem emoções profundas, que variam entre sensações de falta de valor, desespero, depressão, desesperança, abandono, incapacidade de ser amado ou desamor etc. Tudo isso porque elas se sentiram abandonadas pelo ser em quem elas mais confiavam: a mãe. Isso pode ser acompanhado por um sentimento de traição ou de aversão a si mesmo.

Então, crescemos e encaramos todos os desafios da vida junto a nossos pais e irmãos. Dependendo da sua posição na família, você terá diferentes tipos de desafio e apoio. Se você for o mais novo, pode ser que sinta que nunca será tão bom quanto os seus irmãos mais velhos, porque não sabe ler, andar de bicicleta nem amarrar os cadarços como eles. Pode ser também que você sinta que seu irmão mais velho não o ama e preferia que você não existisse. O que muitas vezes é verdade, porque o filho mais velho frequentemente se sente abandonado pela mamãe quando um novo irmãozinho nasce, o que pode trazer à tona sentimentos de falta de valor: muitas vezes, pedirão a você que abra mão das suas necessidades pelo bem do seu irmão mais novo, simplesmente porque ele precisa de mais tempo e atenção. Tudo isso pode criar *pedras* no caminho para o seu coração.

No entanto, existem vantagens tanto em ser o mais novo quanto em ser o mais velho, porque todas as situações têm seu balanço de prós e contras, apoio e desafio. Mas não entendemos isso enquanto crescemos. Como o mais velho, você pega autoconfiança, porque pode fazer as coisas antes do mais novo; como o mais novo, você se beneficia da experiência que seus pais adquiriram com o mais velho. Esses são apenas alguns exemplos de como irmãos têm benefícios independentemente da ordem em que nasceram. Ter irmãos é uma mistura interessante de apoio e desafio, já que ganhamos um amigo com quem encaramos todos os tipos de aventuras e, ao mesmo tempo, um rival com o qual competir pela atenção dos nossos pais.

Também encontramos apoio e desafio com nossos pais, pois eles já têm suas próprias feridas e inseguranças, assim como suas próprias ilusões sobre o significado do amor. Conforme crescemos, vamos julgando as coisas como boas ou ruins. Quando nossos pais fazem coisas das quais não gostamos, começamos a pensar que eles não nos amam, e quando fazem coisas das quais gostamos, acreditamos que eles nos amam. O problema em pensar dessa forma é que, quando crianças, não entendemos que prazer e amor não são uma única e mesma coisa. Por exemplo: uma mãe solteira, que precisa trabalhar para dar comida e abrigo aos seus filhos, pode não estar disponível para um passeio da escola. Então, a criança pode pensar: *a mamãe não me ama*, quando na verdade a mãe a ama mais do que qualquer coisa.

Enquanto estamos inconscientes, reagimos aos eventos da vida de acordo com três mecanismos principais: (1) Fugimos do que parece ruim aos nossos sentidos e emoções, e vamos em direção ao que nos faz sentir bem, sem saber se isso é certo para o nosso coração e a plenitude. (2) Quando somos crianças, geralmente decidimos que seremos *melhores* quando crescermos, mesmo sem entender completamente a vida; acreditamos que amaremos melhor os nossos filhos, mas isso não é verdade. Estamos apenas reagindo a antigas ilusões sobre o significado do amor, e aprendemos as nossas lições com os contratempos que acompanham o que pensávamos ser simplesmente *bom*. Em contrapartida, alguns de nós reagem à vida tentando copiar atitudes que admiram nos pais, na família ou nos amigos. Outros sentem-se magoados, e então tentam punir a pessoa que causou essa dor tornando-se muito bem-sucedidos ou completamente fracassados. (3) Outra forma que temos de reagir à vida é pelos reflexos pavlovianos, ou condicionados. Essas respostas psicológicas nos levam a fazer coisas inconscientemente, porque nem ao menos damos conta de que estamos reagindo ao nosso passado, e não ao que está de fato acontecendo.

Por meio desses mecanismos de reação e breves momentos de amor egoísta, passamos pela vida reagindo a ela, em vez de criá-la de uma forma que nos sintamos plenos. Muitas vezes nos sentimos insatisfeitos e com a necessidade de nos entorpecer com diferentes tipos de vícios, que vão desde as formas mais brandas até as que constituem reais ameaças, em uma vida de "desespero velado", como dito por Thoreau.

Alguns passam a vida inteira dessa maneira. Enfrentamos uma crise ou desafio de grande importância em alguma área da vida, ou nos cansamos do sentimento de insatisfação, e fugimos da dor em direção ao prazer de nos conectar com o coração. Às vezes, deparamos com alguém ou alguma ideologia que nos inspira a seguir nossos corações. Pode ser que assim comecemos o processo de despertar, no qual vivemos nossa vida mais conscientemente. Geralmente não começamos esse processo até que a dor de nossas experiências se torne maior que o medo de ter que mudar nosso jeito de ser ou de explorar nosso interior e descobrir que talvez não sejamos dignos de amor. A boa notícia é que isso é uma ilusão: somos todos dignos de amor.

O desejo de se livrar da dor e se conectar com o coração nos leva a embarcar em uma incrível jornada de autodescobrimento. Para conseguir isso, precisamos aprender a ouvir e a agir de acordo com os desejos do nosso coração, mas o medo pode ser um obstáculo crucial nesse caminho. Temos dois medos principais: de que não sejamos dignos de amor e de que não sejamos capazes de fazer o que precisa ser feito para alcançar os desejos do nosso coração.

Da mesma forma que o ser humano passa pelos processos de aprender a sentar, engatinhar e então andar, o ser humano espiritual passa por fases inconscientes e conscientes de desenvolvimento.

Existem dois tipos de medo: o inconsciente (que significa que você não entende o porquê de se sentir de determinado modo) e o consciente (que significa que você tem conhecimento do que sente e sabe de onde veio o medo). Para desfazer os medos inconscientes de não ser merecedor ou capaz, você pode usar o método da Supercondutividade ou a NET, ou qualquer outra técnica que busque encontrar e eliminar tipos de reflexos pavlovianos que possam servir como gatilhos para você.

Desfazemos o medo consciente ou a ilusão de que não somos merecedores, proveniente dos desafios que enfrentamos enquanto inconscientes, encontrando a perfeição que existe neles. Entendemos que havia apoio e desafio, equivalentes e opostos, em todas as situações, portanto não existe a necessidade de se sentir mal ou punido: todos nós temos apoio e desafios. Também podemos eliminar o medo de não sermos amados se tirarmos um tempo para meditar e nos concentrar em nosso coração, conforme ensinado pelo Instituto HeartMath, por exemplo.

Vencemos o medo consciente de não ser capaz de realizar os desejos do nosso coração por meio da criação de certezas: um círculo de amigos ou um grupo de apoio que acredite em você e no seu projeto, estudando, trabalhando com um *coach*, criando um plano de transição com metas alcançáveis e daí em diante.

Conforme fazemos isso, estamos despertando e nos tornando mais conscientes: entendemos que para cada ação existe uma reação igual e contrária, que para cada desafio existe um benefício, e para cada apoio existe um contratempo. Estamos conscientes dos reflexos condicionados, ou pavlovianos, e não confundimos nossas emoções com a verdade. Não somos incentivados pela fuga do que parece desconfortável aos nossos sentidos e emoções, mas sim pela intenção de fazer o que parece certo para o nosso coração, independentemente dos nossos sentidos e emoções. Entendemos que sempre haverá um equilíbrio entre o prazer e a dor em qualquer situação, e que a única escolha que temos é que tipo de *dor* preferimos: a dor decorrente da disciplina de seguir nosso coração e fazer o que for preciso para viver em plenitude *ou* a dor que resulta da escolha do caminho do prazer fácil, que nos deixa insatisfeitos.

Quanto mais humildes nos tornamos ao cometer nossos próprios *erros*, mais abrimos nosso coração e entendemos por que as pessoas que julgamos anteriormente tomaram determinadas atitudes. Nosso amor por nós mesmos e pelos outros aumenta. Usamos os talentos e qualidades que desenvolvemos em nossa fase inconsciente, então experimentamos o paraíso na Terra, pois nos tornamos gratos por quem somos, pelo que fazemos e pelo que possuímos. Conforme nos conectamos com o coração, voltamos ao lugar onde começamos, porque passamos a experimentar o amor incondicional.

Um Conversa com o coração

Conversar com o coração é o passo mais importante que você pode dar se estiver interessado em viver uma vida plena e inspiradora. Gosto de usar o seguinte exemplo para explicar a importância de conversar com o coração:

Vamos fingir que você está conversando comigo, mas, em vez de ouvir, começo a olhar para os lados enquanto você fala. Não demoraria muito até que você começasse a sentir que eu não me importo de verdade com você. Se isso fosse algo rotineiro em uma relação de longo prazo, você provavelmente ficaria bastante chateado também.

Bem, nosso coração passa o tempo inteiro falando com a gente, mas, na maioria das vezes, não o escutamos! O resultado disso é que acabamos nos sentindo sem valor, sem esperança e deprimidos.

Agora, digamos que você está falando comigo e eu não apenas escuto, como também tomo ações com base em algumas das coisas que você me diz e deseja. Por exemplo, digamos que você tenha comentado que gosta muito de comida tailandesa e, da próxima vez que eu o convidar para jantar, faça uma reserva em um restaurante tailandês. Você vai saber que eu estava prestando atenção e sentir que eu me importo. Você se sentiria mais importante e, provavelmente, mais valorizado. O mesmo acontece quando você começa a se dedicar a ouvir e a agir de acordo com os desejos do seu coração. No entanto, quase sempre esperamos que as pessoas ao nosso redor façam com que nos sintamos valorizados e bem. Esperamos que elas nos façam sentir que somos incríveis.

É como se ainda fôssemos bebês, esperando que uma mamãe venha cuidar de cada necessidade nossa e nos diga o quanto somos incríveis: ficamos chateados quando nosso cônjuge, nossa família, nossa vida ou até mesmo Deus não fazem com que nos sintamos bem. Tentamos *consertar o que há de errado com eles* para que possam nos dar o que apenas nós podemos conseguir. Em termos de *coaching*, isso se chama *jogo que não se pode ganhar*. Ninguém além de nós mesmos pode nos proporcionar o que somente uma conexão saudável com o coração consegue. Mas há uma boa notícia: podemos reverter isso. Só precisamos começar a prestar atenção em nós mesmos!

O coração quer duas coisas de nós: (1) Que saibamos/descubramos que somos dignos de amor. (2) Que prestemos atenção ao que queremos para nossa vida e que façamos algo para conseguir isso.

No fundo, tudo o que queremos saber é que somos dignos de amor. É isso que faz com que nos sintamos plenos... Quando começamos e a ouvir e agir de acordo com os desejos do nosso coração, experimentamos a alegria.

O mundo nos desafia na maior parte do tempo, e isso nos faz sentir que não somos merecedores quando não estamos conscientes de quem somos. Nosso maior medo é de que não sejamos merecedores. A ilusão de que não somos dignos de amor começa muito cedo. Quando somos adultos, é fácil entender que um bebê é digno de amor, independentemente de qualquer coisa. Isso é óbvio. Mas não sabemos disso quando somos crianças. Nos convencemos de que não somos merecedores apenas porque algo não faz com que nos *sintamos bem*. Por exemplo, se a sua mãe ou pai não estão felizes, ou se o seu amigo toma um brinquedo de você, ou se você tem um irmão que é melhor que você no hóquei, então deve *haver algo errado com você*, e você sente que não é merecedor.

Quando não nos sentimos dignos de amor, nos desconectamos de nosso coração e ficamos à deriva de nossas emoções e pensamentos. Mesmo já adultos, quando as coisas não acontecem do jeito que queremos, geralmente ficamos deprimidos e não nos sentimos merecedores. Quando nos reconectamos com o nosso coração, essas ilusões se desfazem.

Tente fazer o seguinte: feche os olhos e lembre momentos em sua vida em que você se sentiu amado, inspirado ou maravilhado. Pode ser enquanto olhava para um belo pôr do sol, ouvia uma música animada, observava pessoas inspiradoras em ação como seres humanos adoráveis, atletas, dançarinos, cantores, atos de bondade ou qualquer coisa que o sensibilize. Nesses momentos, as pessoas relatam ter sentido gratidão, sabedoria, compaixão, abundância, confiança, segurança, valorização, satisfação e amor. Esse é o estado em que ficamos quando nos conectamos com o nosso coração. Garanto que, se você começar a ouvir e a agir de acordo com os desejos do seu coração, se tornará grato pela sua vida. Sentir-se digno de amor começa quando passamos a fazer por nós mesmos o que gostaríamos que os outros fizessem.

Você tem mais energia e vitalidade quando está em sintonia consigo mesmo. Você atrai pessoas que estão mais alinhadas com você, que têm mais energia e amor incondicional. Recebe melhores oportunidades de emprego e mais prosperidade, porque se dá valor, e sua saúde também melhora, porque o amor cura. Fica mais disposto a cuidar bem do seu corpo e do mundo ao seu redor.

Se você quer uma vida de realizações, um desejo intenso de viver conectado com o seu coração é o primeiro passo. Sem ele, não existe força motriz. Uma vez que o desejo estiver presente, você passará a atrair o apoio e os desafios necessários para ajudá-lo.

Quero apontar algo importante sobre este livro: ele foi escrito a partir da perspectiva da espiritualidade, e não da psicologia. Espiritualidade para mim é a experiência da conexão com o *espírito*, que é amor, gratidão e sabedoria. Isso não tem vínculo com qualquer religião em particular, apenas uma ligação com um Deus que é incondicionalmente amoroso e sábio. Pode ser que isso desafie algumas das formas como você encara a vida. Se isso parece certo, então absorver esse conhecimento vai ser fácil para você. Muitas vezes nos apegamos a velhos conceitos de certo ou errado por força do hábito. Já ouvimos que deveríamos nos comportar de certa forma ou acreditar em certas coisas com as quais nosso coração não está necessariamente de acordo. Permita-se novas formas de viver a sua vida, de uma maneira que o satisfaça profundamente e permita que suas experiências o guiem.

Esteja ciente de que, muitas vezes, nos agarramos a crenças sem perceber que elas estão nos atrasando. Elas podem ser confortáveis e *seguras*, mas nos desconectam do coração, o que faz com que nos sintamos *inseguros*. Estou certa de que, se você olhar para trás em sua vida, vai encontrar coisas nas quais pensou que acreditaria para sempre. Por exemplo, o relacionamento com a pessoa por quem você se apaixonou e com quem queria passar o resto de sua vida quando tinha dezesseis anos pode ter durado três meses... mas, novamente, se houvesse uma conexão real com o coração, talvez tivesse durado trinta anos. Talvez seja aquela tatuagem que você fez aos vinte anos, pensando que seria a coisa mais legal do mundo; agora você está tentando se livrar dela, mas não consegue encontrar uma maneira de fazer isso sem deixar uma cicatriz.

Crenças profundamente enraizadas que já não nos servem mais e nos afastam do nosso coração podem ter o mesmo efeito. Algumas delas podem ser bem resistentes a mudanças se há muito amor condicional vinculado a elas. Muitas vezes, nos comportamos de determinadas maneiras apenas para manter o amor condicional, diferentemente do amor incondicional, que é dado livremente, sem amarras. Quando crescemos, por exemplo, geralmente aprendemos a ser passivos e a ceder a nossos amigos, família ou cultura para manter o amor condicional. Se, a fim de seguir seu coração e, por conseguinte, ser mais assertivo (em vez de passivo ou agressivo), você deseja se casar com alguém de uma cultura diferente daquela de sua família, precisará ser muito corajoso. Isso é especialmente verdadeiro se sua família não aprova e ameaça deserdá-lo.

É preciso coragem para viver conectado com o coração, mas digo por experiência própria que, de qualquer forma, não conseguimos escapar desse desconforto: podemos sentir uma dor profunda e duradoura, porque não estamos tentando ser verdadeiros com nosso coração, ou podemos passar por dolorosos períodos de transição enquanto nos adaptamos. Lembre-se de que a dor só aparece quando não conseguimos compreender a perfeição da situação e só afeta a nossa natureza física inferior. Temos a escolha entre a dor crônica ou a temporária. Não podemos fugir delas de qualquer maneira, mas, quando seguimos o coração, nossa vida se torna cada vez mais gratificante.

A parte complicada é seguir o nosso coração em vez de alguma paixão; aprender a diferença entre ambos é um dos maiores desafios que enfrentamos. Isso faz parte da jornada em direção à iluminação, que, para mim, é o que acontece quando nos conectamos com a luz da nossa alma por meio de uma ligação sólida com o coração.

A jornada é cheia de aventuras, e, assim como em qualquer aventura que valha a pena, temos que encarar altos e baixos. Isso é o que a torna interessante! No entanto, quando começamos a nos esforçar para acreditar em nossa capacidade de ouvir e criar o que gostaríamos para nós mesmos, geralmente ficamos chateados se nada parece funcionar da forma que gostaríamos. Acabamos nos sentindo desanimados pelas coisas que parecem obstáculos e pensamos: "Talvez eu não esteja destinado a conseguir isso. Talvez isso não esteja certo". Por exemplo, Mary queria ganhar mais dinheiro no trabalho. Ela decidiu que queria dobrar o seu salário nos próximos anos para que pudesse fazer coisas que a inspirassem. Começou a visualizar e a criar essa realidade em sua mente. Algumas semanas depois, seu chefe a chamou na sala dele. Ele lhe disse que a empresa precisava realizar alguns cortes e que ela só trabalharia a metade das horas que estava trabalhando antes. A princípio, ela ficou chateada e desanimada, sentindo que isso era exatamente o oposto do que ela queria. Então, ela parou e começou a ver quais eram as suas opções. Já que só precisava trabalhar meio período, decidiu voltar a estudar e se matricular no curso de negócios que estava pensando em fazer, mas nunca tinha tempo. Quando ela se formou, abriu seu próprio negócio. Dentro de mais ou menos dois anos, Mary dobrou o salário que ganhava quando começou a desejar a mudança.

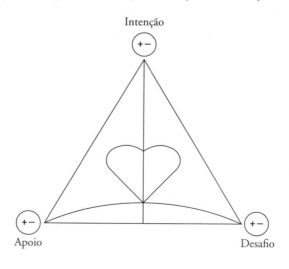

CONVERSANDO COM O CORAÇÃO   41

Este é um bom exemplo de como geralmente acontece quando você começa a planejar algo novo para a sua vida. Se não temos consciência de que sempre atraímos tanto o apoio quanto o desafio para nos ajudar a manifestar os desejos do nosso coração, podemos nos sentir desanimados e acabar desistindo de continuar. Podemos sentir que não estamos destinados a *ter tais coisas*, que *não somos merecedores*. Podemos ficar chateados e nos prender a nossas emoções em vez de experimentar a admiração e a gratidão de quando conseguimos conhecer a perfeição. Perguntar a nós mesmos: "Como este desafio está me ajudando a conseguir o que meu coração deseja?", ajuda-nos a ganhar energia, em vez de desperdiçá-la em reações emocionais.

O universo quer que você tenha o que você mais ama! Não se iluda pensando que não é assim ao deparar com um desafio. Certa vez, fui a um seminário em que fomos convidados a nos sentar com uma pessoa que não conhecíamos e compartilhar com ela as coisas que faríamos se não tivéssemos medo de nada. As pessoas ficaram bastante emotivas ao compartilhar seus desejos mais profundos, e as outras que estavam ouvindo prestaram bastante atenção e não se manifestaram. Quando o líder do seminário perguntou aos ouvintes se eles queriam que os desejos da outra pessoa se tornassem realidade, todos nós respondemos sinceramente que sim. Sentimos que adoraríamos apoiá-los no que fosse possível. Então, o líder do seminário perguntou: "Você acha que o universo não iria querer isso para você também?". Em um nível profundo, aquilo parecia certo. Não faz sentido para mim que o nosso criador quisesse que fôssemos infelizes. Tudo o que acontece, agradável ou não, é para nos ajudar a alcançar o mais profundo desejo do nosso coração.

Uma vez que você entender que todos os eventos que atrai estão lá para ajudá-lo, poderá começar a se beneficiar de tudo que aparecer no seu caminho. Não haverá necessidade de uma fé cega;

muito em breve, terá provado a si mesmo que este é um universo de amor, mesmo que às vezes pareça muito ruim aos seus sentidos. Ao fazer isso, sua vida passará a ter uma sensação de aventura. Como seres humanos, nós experimentamos a vida de três modos:
1. Nossa mente.
2. Nossas emoções.
3. Nosso coração.

Sem uma conexão com o coração, é impossível experimentar uma vida plena, mesmo se você possuir tudo que é necessário para isso.

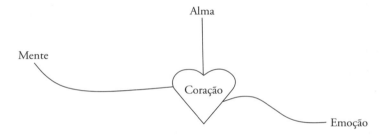

Quando estamos presos a nossa mente, tentamos fugir das nossas emoções, pois nos sentimos desconfortáveis com elas. Tentamos descobrir maneiras de nos sentir como nos sentiríamos se estivéssemos conectados com o nosso coração, mas usando a nossa mente, o que é completamente impossível. Nossa mente pode dar muitas voltas tentando descobrir como ser *feliz*, mas nunca terá êxito até que nos permitamos sentir com a intenção de acessar o coração. O personagem Data, de *Jornada nas estrelas*, seria uma metáfora extrema; ele é muito bonzinho, mas não tem uma conexão com a sua essência e, portanto, sempre será um robô incapaz de experimentar o amor. Quando usamos nossa cabeça, podemos reprimir a dor da tristeza, mas não podemos experimentar a alegria do amor.

A dificuldade em lidar com as emoções é mais comumente atribuída aos homens, especialmente aqueles de gerações mais antigas. Naturalmente, algumas mulheres também têm dificuldade, mas não tão frequentemente quanto eles. Vem se tornando mais aceitável que o sexo masculino demonstre emoções, mas, durante muito tempo, *homens de verdade* não deveriam expressar *emoções de fraqueza*, como tristeza ou medo. Era aceitável que eles expressassem sua raiva, mas não outras emoções. Lembre-se: se os homens com quem você conviveu ao longo da sua vida expressassem principalmente a raiva, não sei quanto a você, mas eu também teria ficado com raiva.

Algumas pessoas se escondem em seu lado racional, pois têm um intelecto aguçado que lhes confere grande validação, fazendo com que se sintam seguras e poderosas. Como elas não se sentem aptas para lidar com as próprias emoções, principalmente quando estão em um relacionamento com alguém muito emotivo, tendem a se esconder por trás do racional ainda mais, para obter uma sensação de segurança. Isso é polarizar demais e pode gerar grandes tensões, que são mais difíceis de administrar.

No entanto, o oposto também é verdadeiro. Quando estamos presos a um turbilhão de emoções, não somos capazes de acessar a mente, o que traria um certo equilíbrio e nos ajudaria a acessar o coração. As emoções profundas podem tomar a nossa vida, fazendo-nos perder o controle. Elas são mais tradicionalmente atribuídas ao sexo feminino, exceto no caso da raiva, como mencionado antes. Sem capacidade de nos centrar, acabamos nos desligando do nosso coração. Ao trabalhar a nossa mente para que veja a perfeição das circunstâncias da nossa vida e/ou praticar a concentração como no exercício "Coerência rápida", do Instituto HeartMath, conseguimos usar a mente com o intuito de equilibrar as emoções para acessar o coração.

O coração é a conexão com a nossa alma, que é a fonte do amor. Nossa alma não experimenta as emoções humanas. Quando vivemos emoções, não estamos em contato com o nosso coração, porque só temos emoções quando não vemos a perfeição. Ao viver em contato com o coração, vivenciamos o "paraíso na Terra". Conectados, experimentamos o amor, a gratidão, a abundância, a compaixão e a sabedoria, que é a forma como o céu muitas vezes é descrito. Não precisamos morrer para viver no paraíso; temos acesso a ele toda vez que nos sentimos gratos. Paraíso na Terra = sentir gratidão; inferno na Terra = não sentir gratidão.

Não nos sentimos gratos quando vemos mais pontos negativos do que positivos em uma situação, e ficamos eufóricos quando ocorre o oposto. As emoções são o resultado de não conseguir ver o equilíbrio perfeito em todas as situações; para cada ação, há uma reação igual e oposta. Ficamos presos a nossas emoções porque não estamos usando a mente para ter uma visão mais ampla.

Ao ver que cada acontecimento em nossa vida teve/tem um equilíbrio de prós e contras, de positivo e negativo, de apoio e desafio, ganhamos mais consciência e acesso a uma visão mais geral. É como estar em um helicóptero olhando para a floresta abaixo de si *versus* estar perdido na floresta. Quanto mais ampla for a nossa visão, mais fácil será encontrar o nosso caminho. Einstein disse que a única maneira de resolver um paradoxo é transcendê-lo, que um paradoxo não pode ser resolvido ao nível que foi criado. Quando aumentamos nosso nível de consciência e procuramos a perfeição nos acontecimentos de nossa vida, estamos saindo do estado emocional que criou a crise e entramos na paz interior do coração.

Para reestabelecer a conexão com o coração, são necessários três passos:

1. Passar algum tempo olhando para *a sua vida como um todo*, pois assim você será capaz de perceber a perfeição de todo o amparo e de todos os desafios que surgem em sua vida.

2. Usar seu *princípio feminino* e ter a coragem de ouvir o seu coração.

3. Usar seu *princípio masculino* e estar disposto a fazer o que for preciso para conseguir o que seu coração deseja.

Quando você faz tudo isso, experimenta plenitude, amor, gratidão e sucesso.

Por experiência própria, esses três passos são as formas mais eficientes de se conectar com o coração. Quando somos gratos, é fácil estar presente e viver com o coração. Sem essa presença, você perde o controle de suas emoções e pensamentos, e começa a se sentir insatisfeito com o momento. Você sabe que está livre e se integrou plenamente à sua vida quando percebe que estaria disposto a fazer tudo de novo da mesma forma, porque reconhece a perfeição de tudo que passou. Você sabe que o apoio e o desafio estavam lá para ajudar a florescer as qualidades e talentos que compõem a sua personalidade.

Quando agimos de acordo com os três passos, restabelecemos a conexão que temos com o nosso coração, já que a única maneira de experimentar todos os três é prestando atenção ao coração e estando presente. E, quando fazemos isso, experimentamos uma incrível sensação de estar totalmente vivo. Quando restauramos a conexão com o coração, somos guiados, e nos sentimos seguros e protegidos. A vida é cheia de alegria, e, mesmo que você ainda enfrente desafios, eles já não o afetam mais da mesma forma. Você sabe que é capaz de participar da criação de tudo o que entra em sua vida para ajudá-lo a aprender mais sobre amar a si mesmo e aos outros.

O princípio feminino é muito importante, caso contrário o sucesso é geralmente definido por realizações externas. Na América do Norte, o sucesso é muitas vezes descrito através de riqueza, família, beleza, fama, carros rápidos e boas roupas. O sucesso está relacionado a algum desses itens ou todos eles? Todos nós já ouvimos de pessoas que parecem ter tudo e acabam cometendo suicídio. Obviamente, a sensação de sucesso não vem de realizações públicas. Ela vem da ligação com o nosso coração, de saber o que é importante para nós e de nos dedicar para que essas coisas realmente aconteçam.

Quando não estamos conectados com o nosso princípio feminino e fazemos as coisas no piloto automático, ficamos esgotados. Quando não estamos conectados com o nosso princípio masculino, sabemos o que queremos, mas não agimos com relação a isso e nos sentimos deprimidos; sentimos que a vida é injusta.

É preciso coragem para estimular o princípio feminino. Por exemplo, é necessário ser corajoso para ouvir o seu coração, que não está sussurrando mais, e sim gritando que você precisa largar o emprego. É assustador deixar a segurança para trás e seguir o seu coração. Observamos medos parecidos quando estamos prestes a entrar em um relacionamento ou sair dele. Independentemente de o que o coração estiver nos levando a fazer, quando temos a coragem de ouvir e agir, nos sentimos felizes instantaneamente. É desafiador. Muitas vezes, é mais assustador do que pular de *bungee jump*, mas o contentamento dura muito mais tempo do que uma emoção passageira.

Os efeitos de seguir o coração são cumulativos. Cada vez que você seguir o seu coração e agir, a sua autoestima e o seu senso de valor próprio aumentarão, pois você estará se valorizando. As pessoas vêm a mim e dizem que querem ter mais autoestima, mas elas acham que isso acontece por algum truque de mágica. O senso de valor próprio é algo que você alcança por *si mesmo* quando passa a prestar atenção ao que realmente quer, e a ter a coragem e a dedicação para fazer o que for preciso para ser honesto com o seu coração.

Os princípios feminino e masculino são belamente representados pelo tradicional símbolo *yin-yang*:

Este símbolo pode ser realmente útil quando alguém está no meio de um turbilhão de emoções sem saber o que fazer. Um símbolo que sabiamente envolve a mente para equilibrar as emoções pode ajudar a acessar o coração e encontrar uma solução muito mais rapidamente. *Yin-yang* podem representar todo o conjunto de opostos polares que existem na vida: positivo e negativo, apoio e desafio, escuridão e luz. Quando entendemos que nada pode acontecer com a gente sem uma reação igual e oposta, podemos começar a participar do jogo da vida com mais sabedoria.

É muito importante saber que a vida nunca vai ter mais apoio que desafio. Se você não se desafiar, o mundo vai desafiá-lo. Se os seus pais não o desafiaram – conscientemente ou apenas pelas situações que eles trouxeram para sua vida –, você foi desafiado por si mesmo, ou por alguém ou alguma coisa!

Um dos maiores desafios que eu noto nas pessoas que dizem que querem uma vida maravilhosa é que, muitas vezes, elas não estão dispostas a assumir o desafio de entrar em ação. Elas escolhem o prazer do que lhes é familiar e não é ameaçador em vez de optar pela plenitude do coração. Elas simplesmente se condenam a viver uma vida deprimente e insatisfatória.

Em nossa vida, escolhemos constantemente que tipo de prazer e dor queremos sentir: os prazeres dos sentidos/emoções com a dor de estar insatisfeito, ou o prazer da satisfação que vem com a dor de enfrentar desafios. Nunca poderemos escapar das polaridades entre prazer e dor, apoio e desafio. *Você não pode escapar do desafio porque, se tiver muito apoio, vai enfraquecer, e isso se tornará o seu desafio.* Um subproduto interessante dessa lei é que, quando você se desafiar seguindo os valores de seu coração, terá um suporte igual e oposto. Essa é uma maneira de ativar o princípio da atração. Admita uma inspiração que tem um propósito maior que você mesmo, o que cria um grande desafio, e perceba o apoio que receberá.

A autoexpressão é resultado do envolvimento com o nosso princípio feminino, que é passivo, receptivo, intuitivo e responsável por ouvir a nossa sabedoria/intuição/voz interior/coração. Para ativá-lo, devemos estar presentes. Mas ele também precisa de nosso princípio masculino, que é ativo, assertivo e encarregado de agir para se certificar de que o princípio feminino esteja satisfeito. Acredito que uma vida maravilhosa é simples assim. Quanto mais profundamente prestamos atenção aos nossos princípios feminino e masculino, mais amor, realização e uma verdadeira sensação de sucesso experimentamos. E por isso mesmo nós aumentamos a nossa autoestima.

Às vezes, ofereço aos meus clientes a seguinte imagem para ajudá-los a envolver os princípios feminino e masculino: o feminino é como uma bela deusa, que está realmente em sintonia com quem ela é e o que quer na vida, e o masculino é o seu príncipe encantado, que está disposto a fazer o que for preciso para ter certeza de que ela está satisfeita – ele vai matar qualquer dragão que ficar no caminho. Independentemente de você ser homem ou mulher, você tem acesso aos dois.

Sentir gratidão por tudo que acontece em nossa vida também é muito importante para aumentar o nosso senso de valor próprio e experimentar uma vida plena. Quanto mais merecedores nos sentimos, mais temos o desejo de ouvir a nós mesmos e agir com base no que desejamos. Quando não nos sentimos tão merecedores, é mais difícil encontrar a motivação para ativar os princípios feminino e masculino.

Muitos de nós tiveram a autoestima desafiada pelo que eu chamo de Síndrome de Papai Noel (mesmo que você não tenha crescido acreditando em Papai Noel, é muito provável que também tenha sido afetado). Trata-se da crença inconsciente de que coisas boas acontecem a crianças boazinhas e coisas ruins acontecem a crianças más. Se nos comportássemos, seríamos recompensados, e se fôssemos ruins, seríamos punidos. O problema em acreditar nisso é que todos nós passamos por desafios – coisas que consideramos *ruins* –, o que nos dá a ilusão de que não somos merecedores. Quando nos sentimos assim, é muito mais difícil ter tudo o que o nosso coração deseja.

Quanto mais merecedor você se sentir, porque está solidamente conectado com o seu coração, mais fácil será de entrar em ação e mais vitalidade você terá. O princípio feminino quer que você pare e ouça, para que descubra o quanto é digno de amor e o que o seu coração deseja fazer com sua vida. Essas primeiras coisas que o seu coração deseja afastam a depressão, a raiva e a tristeza. As emoções que podem estar lhe passando a mensagem contrária são pistas importantes de aonde você precisa ir para se desapegar de uma ilusão de que, de alguma forma, em algum lugar, você não era merecedor.

Todas as emoções que estão relacionadas com a sensação de que a vida não está nos tratando de forma justa ocorrem, na verdade, quando não ouvimos a nós mesmos e não fazemos o que é preciso para realizar os desejos do nosso coração. Se você sente que o mundo não o está tratando de forma justa, é porque não está tratando a si mesmo de forma justa; você não está se dedicando a descobrir como você realmente é incrível e o que o seu coração deseja.

Na hora de escrever este livro, houve muita discussão sobre os princípios da atração. O mais importante é saber que atraímos para nós tudo em que acreditamos de verdade. Não é o que pensamos que atraímos, é aquilo em que acreditamos – *o que sentimos nos mostra em que acreditamos.*

Você sabe em que realmente acredita quando percebe o quão bem combina suas opiniões com suas ações e comportamento. Digamos que seu coração lhe diz que você está pronto para um relacionamento, mas no passado você não teve muita sorte nessa área. Você pega um livro e aprende sobre o poder da sua mente de criar coisas em sua vida. Você começa a afirmar que está pronto para um relacionamento amoroso consciente e que está certo de que ele está vindo em sua direção. Mas, à noite, quando chega em casa, senta no sofá, come chocolate e chora, porque se sente desesperado. O que suas atitudes e seu comportamento provam? Qual é a sua opinião?

Ou talvez você comece a afirmar que merece um ótimo relacionamento amoroso. Fica com a primeira pessoa que aparece na sua frente, mesmo que no fundo saiba que não é a pessoa certa, porque tem medo de que nunca haja *alguém lá fora capaz de amá-lo*. Qual é a verdade? Será que nunca haverá alguém disposto a amá-lo? Ou que, porque você não se ama o suficiente para esperar a pessoa certa, você continua provando a si mesmo que não há ninguém por aí?

As pessoas gostam da ideia de que você pode apenas pensar naquilo que quer e acreditar nisso para que aconteça. No entanto, o princípio da atração também exige que você aja com base no que deseja. Mesmo que as ações que você toma não tragam rapidamente os resultados que busca, elas criam uma energia de atração mais poderosa. Quando você está disposto a agir com relação ao seu desejo, isso mostra que você realmente quer o que diz que quer.

CONVERSANDO COM O CORAÇÃO

Se você não agir, nunca vai conseguir aquilo que não está disposto a dar a si mesmo ou, se conseguir, não será capaz de mantê-lo. Quando você está ativamente comprometido a manifestar a sua vida através do desejo e da ação, atrai as pessoas/eventos/ideias/coisas que vão desafiar, apoiar e ajudá-lo a obter o que deseja. A atração, portanto, é tanto passiva quanto ativa. Mesmo se você não sabe como vai obter o que seu coração deseja, comece a agir com base no que você pode fazer agora. Muitas vezes, isso é tudo que você pode fazer. Faça o máximo todos os dias para seguir seu coração, e ele vai levá-lo por conta própria a lugares que você jamais seria capaz de imaginar.

Durante um seminário do qual participei, lembrei-me do *princípio da ressonância* de uma forma interessante. Um apresentador, que é um músico e cantor incrível, tocou a corda de uma guitarra. Ela ressoou e fez uma nota, o que era de se esperar. Logo depois, ele cantou exatamente a mesma nota, o que fez a corda ressoar e criou novamente o som na guitarra.

Nossas vozes e nossos pensamentos têm frequências que, quando combinadas com outras, criam ressonância. As pessoas, eventos e oportunidades que atraímos em nossa vida estão em ressonância com os nossos sentimentos e pensamentos internos. Se você se ama, atrai mais pessoas para amá-lo; se você vive se maltratando, atrai pessoas com a mesma má intenção. Quando não gostamos do que o mundo exterior reflete para nós, precisamos examinar nossos pensamentos e sentimentos sobre nós mesmos. Um dos meus pacientes me disse que tinha se envolvido em sete acidentes de carro que "não tinham sido culpa dele".

Algumas pessoas parecem atrair gente para maltratá-las o tempo todo, enquanto outras passam a vida fazendo amigos por todos os lugares que passam. Pela minha experiência, quando não estamos em ressonância com alguma coisa, ou não conseguimos atraí-la para perto de nós ou, quando a conseguimos, ela não nos afeta. É como se não estivéssemos nos comunicando na mesma língua. Não é que uma pessoa seja mais digna do que a outra. Quando não precisamos aprender aquela lição, não há ressonância com ela, não há atração.

Você atrai as pessoas e eventos que ressoam com você. O que está ao seu redor é sempre um reflexo de quem você é. Se você não gosta do que está lá, isso é uma dica de que algo dentro de você não está em consonância com o seu coração.

Olhe para a sua vida em geral. É uma vida cheia de alegria, pessoas amorosas, inspiração e sucesso? O que você precisa fazer se o que vê é um reflexo de que você não está vivendo de acordo com todo o seu potencial? E se você perceber que não está gostando totalmente de quem é? Este é o momento em que você precisa se tornar um *detetive* e descobrir o que o impede de ter uma vida plena. É uma espécie de jogo, em que o objetivo é remover a maior quantidade possível de *pedras* que estão no caminho para o seu coração. Cada pedra representa uma ilusão de que você não é digno de amor. Essa falta de merecimento vai aparecer, porque você não está ouvindo ou agindo de acordo com o que é importante para você.

Se o estado natural de um ser humano é experimentar satisfação, amor, gratidão, sabedoria e abundância – porque é assim que nos sentimos quando estamos conectados com nosso coração –, então qualquer momento diferente disso significa que nos desconectamos. Quando nos afastamos do coração, experimentamos emoções, tanto positivas quanto negativas.

Se você se sente solitário, triste, com raiva, medo, baixa autoestima, traído ou quaisquer outras emoções, é porque não está conectado com seu coração. Você não viu o equilíbrio perfeito entre apoio e desafio, e não sente gratidão.

Se você está vendo mais aspectos negativos do que positivos na situação, não está tendo uma visão geral, caso contrário ficaria muito grato. O mesmo ocorre quando você experimenta emoções positivas como animação, paixão ou entusiasmo. Isso acontece quando você vê mais pontos positivos do que negativos, devido mais uma vez à falta de visão geral.

Como seres humanos, geralmente gostamos de passar por emoções fortes. Podemos querer sentir raiva ou tristeza, por exemplo, pois consideramos isso *normal* ou *justo*. Tais emoções fazem bem ao ego, mas não ao coração. Elas fazem com que nos sintamos vazios em longo prazo. Não há nada de errado em querer experimentar picos de emoção, contanto que você saiba que mais cedo ou mais tarde vai experimentar grandes baixas. Quando você parte do coração, ele é centrado – calmo e alegre, mas sem "picos". Você se sente grato mesmo quando a vida o desafia, porque sabe que isso é para trazer o melhor de você.

Sei que, nesse momento, a forma de transcender essas emoções não é óbvia, mas ainda vou falar muito mais sobre isso daqui para a frente. Não quero que você pense que as emoções são ruins, especialmente as negativas. Na verdade, acredito que, para avançar em nossa vida, muitas vezes, precisamos prestar atenção a elas. Elas são pistas de que, de alguma forma, em algum lugar da nossa psique, a ilusão de não sermos amados nos machucou.

Se você se permitir primeiro sentir as emoções, com a intenção de fazê-las desaparecer da sua fisiologia (talvez você já tenha ouvido o velho ditado "não adianta nadar contra a corrente"), e então usar a sua mente para encontrar a perfeição em tê-las sentido, poderá acessar facilmente seu coração. No entanto, não é uma boa ideia mergulhar em suas emoções, porque então elas só criarão raízes mais profundas em você. É necessário parar e senti-las, com o objetivo de encontrar sua verdadeira natureza. Não temos que sentir as mesmas velhas emoções para sempre. Podemos lidar com elas de uma vez por todas, e escolher experimentar gratidão e amor em seu lugar.

Quando não prestamos atenção às nossas emoções, muitas das ações que tomamos não são realmente "ações", mas reações a emoções e a eventos passados. Pensamos que estamos agindo com o coração, quando na verdade não estamos. Confundimos o que é bom para as nossas emoções com o que é bom para o nosso coração.

Acredito que um dos desafios mais difíceis que enfrentamos como seres humanos é descobrir a diferença entre paixões (por ideias, pessoas e coisas), que satisfazem nossos sentidos e emoções, e amor, que vem do coração. Trata-se de um processo evolutivo completo, que leva tempo e se desenvolve por meio de tentativa e erro.

Olhando para trás em sua vida, tenho certeza de que você se lembra de ter se apaixonado por alguém/algo que achou que não poderia viver sem, apenas para perceber que o que você sentiu foi apenas *uma paixão*. É um conceito difícil de ensinar a crianças e jovens que, quando experimentamos o prazer pela primeira vez, não significa necessariamente que seja amor. À medida que envelhecemos, temos a oportunidade de vivenciar situações que pareciam desagradáveis aos sentidos e emoções à primeira vista. Mas, conforme ficamos presos a elas e trabalhamos nelas, descobrimos uma alegria e satisfação que não podem ser comparadas a mais nada.

Todos temos oportunidades de aprender sobre o amor ao longo da vida. Todos podemos vivê-lo, porque cada um de nós tem um coração. Isso é mais fácil e rápido para algumas pessoas, porque elas têm menos pedras no caminho e, consequentemente, maior acesso à sabedoria de seus corações.

O medo de não ser digno de amor cria essas pedras. Com o tempo, esse medo pode permanecer consciente, quando temos ciência dele, e/ou tornar-se inconsciente, quando ele cria reflexos pavlovianos dos quais não temos ciência. Quando estamos desconectados, sentimos emoções como raiva, tristeza, culpa, ciúme, desespero, depressão, insegurança, dúvidas com relação a nós mesmos etc. Com uma conexão forte com o coração, nos sentimos mais confiantes e temos mais coragem, o que nos dá energia e determinação. Podemos ouvir mais facilmente o que o coração está sussurrando e entramos em ação com mais facilidade.

A palavra "coragem" tem a mesma raiz da palavra francesa *coeur*, que significa "coração". Viver uma vida com coragem é viver uma vida com o nosso coração. Acho isso muito bonito e inspirador. Cada um de nós tem a capacidade de viver uma vida inspiradora conectado com o coração.

Ao lidar com os bloqueios conscientes, ou pedras, nossa mente consegue compreender por que estamos reagindo de uma certa maneira: "Não quero largar o meu trabalho porque tenho medo de não encontrar outro". Também já vi mulheres que não seguem uma carreira de sucesso porque têm medo de perder o marido, já que ele pode se sentir ameaçado por seu sucesso. Elas temem não ser capazes de manter uma carreira de sucesso e uma família ao mesmo tempo. Em ambos os exemplos, elas sabem que estão agindo baseadas no medo, e não no amor, mas ainda não estão prontas para agir.

E, então, também existem os bloqueios inconscientes, ou pedras. Eles são mais complicados, mas precisamos ter consciência de que eles existem. Caso contrário, podemos tomar uma emoção como verdade, quando ela é apenas uma resposta condicionada. *Não estamos conscientes do motivo pelo qual nos sentimos da maneira que estamos nos sentindo. Não nos damos conta de que estamos reagindo em vez de agir conscientemente para o nosso bem maior.*

É raro que tenhamos consciência de coisas como: "Eu não quero largar o meu emprego e perder minha segurança porque, quando eu tinha sete anos, nós nos mudamos e eu perdi o ambiente seguro em que fui criado, todos os meus amigos e o sistema de apoio que eu tinha, e eu odeio tentar coisas novas por causa disso". Ou: "Eu não quero me dedicar à minha carreira porque, quando eu tinha nove anos, minha mãe brigava com o meu pai por ele estar sempre trabalhando, e, quando eu tinha doze anos, eles se divorciaram".

Bloqueios subconscientes, reflexos condicionados ou reflexos pavlovianos são respostas fisiológicas estudadas por um cientista chamado Pavlov em um famoso experimento. Quando Pavlov trazia comida para um cão faminto, o cão começava a salivar e Pavlov tocava um sino. Depois de algum tempo, ele não precisava mais trazer comida para que o cão começasse a salivar; ele só precisava tocar o sino.

É possível criar respostas pavlovianas em humanos também. Você pode experimentar isso agora mesmo, se estiver realmente prestando atenção ao que está lendo. Vamos imaginar, por exemplo, que eu traga um limão para você. Você pega o limão com a mão e sente seu cheiro. Agora, ele é cortado ao meio. Você consegue ver o suco escorrer e sente o cheiro mais forte do limão. Ele é cortado ao meio novamente. Eu peço que coloque um pedaço dele na boca e morda. *Você está salivando agora?* Nós, seres humanos, conseguimos armazenar reflexos condicionados que nos fazem reagir, em vez de agir tomando decisões, bem como ter respostas fisiológicas.

Em 1989, comecei a estudar uma técnica de mente/corpo chamada NET (acrônimo em inglês para "técnica neuroemocional"), desenvolvida pelo Dr. Scott Walker, que obteve o título de Doutor em Quiropraxia no início dos anos 1980. A técnica visa encontrar e eliminar respostas condicionadas do tipo pavlovianas que não desapareçam naturalmente. Depois de usá-la em milhares de pessoas, comecei a notar padrões recorrentes que podem diminuir nossa capacidade de nos conectarmos mais livremente com o coração.

Dependendo dos especialistas, alguns dizem que até 80% do que fazemos não são ações, mas reações a acontecimentos passados! É muita falta de liberdade e amarração a emoções inconscientes, em vez de seguir o coração e fazer o que nos deixaria realmente satisfeitos! Muitos reflexos condicionados ficam guardados em nossa fisiologia por causa de emoções intensas. Acredito que é a isso que Eckhart Tolle se refere quando fala de "corpo de dor".

No entanto, também temos hábitos que foram criados observando nossos pais e seguindo seu exemplo. Nossos pais tinham necessidades e desejos diferentes dos nossos que eles queriam manifestar. Nossos professores, amigos, familiares, treinadores, filmes, livros e jogos podem ter nos mostrado maneiras de olhar para a vida de acordo com as suas necessidades e valores. É importante saber que algumas das coisas que estamos fazendo não são realmente o que no fundo o nosso coração quer que façamos. Elas podem ser hábitos ou reflexos pavlovianos que absorvemos ao longo do caminho.

Um dos desafios com os reflexos condicionados é que eles são "realidades bioquímicas armazenadas", que nos prendem à idade que tínhamos quando nosso sistema absorveu determinada emoção. Você pode ter quarenta, cinquenta, sessenta ou cem anos de idade, mas, se algo ativar suas reações pavlovianas, você se sentirá e agirá de acordo com a mesma idade cronológica que tinha quando isso foi armazenado pela primeira vez em seu sistema fisiológico. Então, se você era um bebê, uma criança ou um adolescente quando seu reflexo pavloviano foi ativado, reagirá como se fosse um bebê, uma criança ou um adolescente. Terá o mesmo poder, confiança e sabedoria: você vai se sentir fora de controle e incapaz de lidar com a situação, mesmo sem saber por quê.

Quanta maturidade e senso de poder se tem com essas idades? Pode ser muito assustador para as pessoas sentir que são incapazes de encontrar uma solução no meio de suas emoções. Mesmo que tenham conhecimento, elas não são capazes de usá-lo. Parece que as emoções estão tomando conta e, não importa o quanto elas *tenham consciência disso*, elas continuam estagnadas. Essa é a raiz do problema. As pessoas podem experimentar muita ansiedade em relação a isso porque sentem que perderam o controle. Quanto mais elas aprendem, menos elas conseguem se controlar e mais ansiedade sentem.

Vejo esses efeitos se manifestando com bastante intensidade quando alguém passa por problemas de relacionamento. A obsessão pela situação, a sensação de perda e a intensidade da dor são puramente pavlovianas. Passei por isso em minha própria vida, e ajudei muitas pessoas a se livrar dessas emoções. Na maioria das vezes isso começa se, quando recém-nascido ou muito novo, o vínculo maternal foi ameaçado. Quando enfrentamos desafios em relações íntimas depois de adultos, podemos experimentar novamente os mesmos sentimentos de extrema tristeza e desespero de quando pensamos que perderíamos a nossa mãe. Quando "o sino toca", acabamos nos sentindo tão impotentes e assustados quanto uma criança. Isso pode se tornar uma obsessão. Eu escrevi *mãe* porque essas emoções geralmente são armazenadas no nascimento ou logo que começamos a nos desenvolver, mas pode ser também qualquer pessoa importante que tenha cuidado de nós quando éramos crianças.

A sensação de que alguém vai morrer de dor não é a realidade de um adulto, mas de uma criança. Naturalmente, ainda ficaríamos aflitos se estivéssemos prestes a perder alguém que amamos, mesmo depois de adultos. No entanto, a intensidade não seria a mesma se não fosse uma resposta pavloviana. Seria um sentimento mais maduro, menos descontrolado e menos parecido com a sensação de que vamos morrer com a perda. Uma vez incorporado ao coração, ele se converteria em gratidão e amor mais facilmente.

Um reflexo condicionado, ou pavloviano, é armazenado em nossa fisiologia mais facilmente se a emoção é muito intensa e se

CONVERSANDO COM O CORAÇÃO

estamos em um estado fisiológico ou emocional mais fraco. Um dos momentos vulneráveis mais intensos da vida é o nascimento. Ele é tão traumático para a maioria dos bebês por duas razões principais: (1) a sensação de que não vamos conseguir sobreviver à transição pelo canal do parto, e (2) porque muitas vezes não pudemos ser confortados pela mãe logo após essa experiência aterrorizante.

O medo da transição no canal do parto está profundamente enraizado em muitas pessoas. Sempre que estamos prestes a fazer uma grande transição na vida, sempre que estamos prestes a sair da nossa zona de conforto para seguir o nosso coração, *o sino toca* e somos trazidos de volta ao momento transitório assustador do nascimento. Esse medo também aparece na forma de conflitos interiores ou mecanismos de *autossabotagem* quando sabemos que estamos prestes a alcançar objetivos importantes e desejados, ou quando sentimos que estamos prestes a deixar uma realidade para entrar em outra. Atingir essas metas inconscientemente nos faz voltar para o útero.

Quando o sino pavloviano toca, não se trata de fazer uma boa transição em direção a algo que temos trabalhado muito para alcançar: é um *flashback* da experiência assustadora de deixar o útero, que se tornou pequeno demais, e entrar em um mundo maior, o que era necessário, mas que quase nos custou a vida. Pelo lado exterior, não faz sentido que alcançar metas importantes e desejadas nos cause medo, mas isso faz sentido se você entende como funciona o mecanismo.

Desde a década de 1950 até recentemente, os bebês eram levados da mãe e colocados em uma programação de alimentação, independentemente de suas necessidades emocionais. Você pode imaginar como se sentiria se passasse por uma das experiências mais traumáticas de sua vida, e a pessoa em quem você confia e de quem precisa mais que qualquer outra não estivesse lá para confortá-lo? Bem, muito provavelmente essa era a sua situação. Isso impacta profundamente nosso senso de valor, fazendo com que sintamos como se não fôssemos bons o suficiente, como se não fôssemos dignos de amor logo no início da nossa jornada. Isso faz com que nos sintamos deprimidos, mal-amados e desesperados. Estou convencida de que muitos de nós tomam antidepressivos por causa de alguma história parecida. Mas a boa notícia é que... isso não é verdade! Quando somos adultos, é fácil saber que um bebê é precioso e digno de amor, e que a nossa mãe nos amou, mesmo que ela não nos respondesse.

Quando somos *guiados pelo nosso coração*, é mais fácil voar bem alto. Quando estamos completamente inspirados ou queremos atingir um objetivo maior que nós mesmos, nos sentimos corajosos. Isso permite que encaremos nossos medos e trabalhemos neles, o que não faríamos apenas para satisfazer aos nossos sentidos. Se o seu medo de ficar preso no seu mundinho limitado e insatisfatório for maior do que o seu medo de encarar mudanças, você entrará em ação.

Outra fonte comum de *criação de pedras* é o nascimento de um irmãozinho, que rouba o lugar especial que antes pertencia ao primogênito. Na maioria das vezes, não temos consciência disso – esses sentimentos geralmente são inconscientes. Não sabemos por que nos sentimos sem valor, simplesmente nos sentimos assim. Novamente, estou certa de que, quando adulto, você sabe que o irmão mais velho tem o mesmo valor que o mais novo. É um alívio se libertar desses sentimentos baseados em uma ilusão. Não se sentir digno de amor por pensar que sua mãe não o amava, porque ela não estava por perto quando você nasceu ou porque ela teve um bebê novo é a reação *normal* de uma criança, mas *não* é a verdade. A sensação de falta de merecimento. A sensação de não ser bom o bastante ou de não ser digno de amor proveniente de tais acontecimentos completamente normais da vida é bem fácil de ser eliminada. E vale a pena dedicar um tempo a isso.

Os laços com a mãe têm um enorme impacto no nosso senso de valor. No entanto, é importante que as mães não se tornem completamente paranoicas por talvez causar danos aos seus filhos se elas não estiverem 100% atentas às necessidades deles. O que elas fizerem ou não será um equilíbrio perfeito entre apoio e desafio para os seus filhos. Elas não precisam ser doces e agradáveis o tempo inteiro por medo de chateá-los, porque esse extremo também não servirá de nada. Lembre-se de que nós precisamos dos desafios para ficar mais fortes e prontos para a vida.

Assim como seus pais estavam em um caminho evolutivo em direção à compreensão de como amar melhor a si mesmos e aos outros, e o desafiaram e apoiaram o tempo todo, você fará o mesmo pelos seus filhos. Assim como os seus pais foram perfeitos na hora de apoiá-lo e desafiá-lo, você é perfeito para os seus filhos. Se você não conseguir enxergar como os desafios que impôs aos seus filhos também lhe forneceram apoio, você se sentirá culpado. A culpa é uma emoção comum que nos faz compensar ou ser legais, em vez de amar. Quando amamos, oferecemos apoio e desafio; quando nos sentimos culpados, tendemos a apoiar por insegurança.

As crianças sabem quando os pais agem por culpa em vez de amor. Isso não parece certo em seus corações, pois elas não se sentem amadas. Os agrados se tornam o desafio. Sei por experiência própria que as pessoas menos capazes de lidar com a vida real são aquelas cujos pais foram legais demais, bonzinhos demais e superprotetores. Alguns pais, pela própria insegurança, querem que os filhos gostem deles em vez de serem amados por eles. Eles se lembram das coisas das quais não gostavam quando eram crianças e tentam fazer o oposto. "Gostar" aqui implica usar as emoções em vez do coração, que só sabe amar. Lembre-se da lição que aprendi com a minha cachorrinha: eu queria que ela gostasse de mim, e isso me custou a vida dela.

Com a nova geração, os papéis de pai e mãe, que antes eram bem distintos, estão se misturando. As polaridades extremas de "quem ganha o pão" e "quem cuida da casa" já não são tão fortes. Mas, de modo geral, descobri que a mãe nos prepara para a vida doméstica e a intimidade, enquanto o pai nos prepara para o mundo externo e a carreira. Nossos irmãos também têm impacto sobre nós: eles parecem influenciar nossa noção de *grandeza* no mundo. Quanto mais nos sentimos queridos ou não ocupando nosso lugar na família, mais ou menos confortáveis nos sentimos em *brilhar* em nossas vidas. Acho que a famosa frase de Marianne Williamson sobre ter medo de brilhar para não fazer com que o outro se sinta desconfortável, que Nelson Mandela usou em um de seus discursos, é a expressão perfeita da dinâmica fraternal.

É muito fácil acreditar que estamos seguindo nosso coração e fazendo aquilo que amamos, quando na verdade estamos apenas reagindo a antigas dinâmicas e eventos familiares. Você deve estar se perguntando: "O que posso fazer para mudar isso? Como vou saber se o que estou fazendo está realmente em sintonia com o meu coração ou se é apenas uma reação a acontecimentos passados?".

A NET e outras técnicas que exigem a ajuda de um profissional são muito eficazes em ajudar a encontrar as emoções e se libertar delas. Trabalhando com um profissional, você é capaz de aprender a diferença entre coração e emoções.

Você também pode buscar ajuda aprendendo o método Super Conductivity™ (Supercondutividade, em português), que eu e o CEO da CoachVille, Dave Buck, criamos. Esse método ensina técnicas específicas para que você se torne ciente dos seus sentimentos, pensamentos e ações, para que você possa alinhá-los tendo em vista o seu bem maior e sem a ajuda de um profissional.

Se você conseguir separar um tempo durante o dia para parar tudo, prestar atenção ao seu coração e senti-lo, vai perceber que as emoções diferem bastante do coração. Sentirá a diferença nos sentimentos e nas sensações do seu corpo. Prestar atenção às sensações e descobrir quais emoções distintas existem em lugares diferentes será uma consciência poderosa. Quanto mais você viver, experimentar, e prestar atenção a ilusões e verdades, mais sólido se tornará o seu autoconhecimento, permitindo que você *desperte* espiritualmente e se torne mais consciente da sua realidade. Aprendendo a ser consciente de si mesmo, você ganha mais poder e experimenta uma maior plenitude.

Alguns dos meus alunos e clientes já descreveram que o processo de despertar é parecido com o que sentimos quando acordamos de manhã. Quando eles estão dormindo e sonhando, são levados pelos sonhos. Não fazem nada, apenas experimentam o que vier. Quando acordam de manhã, podem se dispor a tomar banho, tomar café e ir trabalhar. E sentem que têm algum controle sobre o que acontece.

O despertar espiritual é parecido. Começamos a perceber que estávamos realmente deixando a vida "nos levar" em vez de manifestar os desejos do nosso coração. Sim, nós acordávamos de manhã e nos arrumávamos para o trabalho, mas sem qualquer consciência real do porquê disso. Qual era o objetivo? Por que fazíamos isso? Para agradar nossos pais? Nossa esposa, filhos, colegas de trabalho, chefe, sociedade? Quando não sabemos se o que estamos fazendo está alinhado com o nosso coração ou simplesmente com o que esperam de nós, estamos adormecidos; estamos inconscientes. Deixamos a vida *nos levar*, em vez de *criar* aquilo que desejamos. É incrível como nos sentimos vivos e radiantes quando começamos o nosso despertar.

O despertar espiritual é um processo que integra completamente a nossa natureza espiritual à nossa natureza humana. Quando alinhamos os traços de personalidade que desenvolvemos enquanto estávamos inconscientes aos valores do nosso coração, nos integramos. Ao fazer isso, desejamos nos manifestar, porque ouvir o coração exige que prestemos atenção a quem somos e o que desejamos, e que então comecemos a agir com base nisso. Nós nos tornamos cocriadores ativos da nossa vida, ao contrário de simples criaturas.

Exercício

Quanto melhor é a conexão com o nosso coração, mais amor-próprio e autoestima temos. Quanto mais amor-próprio temos, mais alta é a frequência da nossa energia, e mais fácil é de atrair e criar aquilo que desejamos em todas as áreas da nossa vida.

A. Para ajudá-lo a entender as consequências de seguir ou não o seu coração, responda às seguintes perguntas. Elas vão ajudá-lo a ter mais coragem, dedicação e facilidade para superar as suas emoções pavlovianas:

1. Por que você quer se conectar com o seu coração? Quais seriam as vantagens disso?
2. Quais seriam as desvantagens se você não fizer isso?
3. Como isso afetaria a sua vida amorosa? Sua carreira? Suas finanças? Sua espiritualidade? Sua vida social? Sua saúde?
4. Quais são os seus valores mais profundos? O que o faz sentir realmente vivo? Relembre e descreva as ocasiões em sua vida nas quais você se sentiu dentro de um fluxo, vivo e grato.
5. O que estava acontecendo que fez com que você se sentisse daquele jeito?
6. Quais eram os denominadores comuns? Liberdade? Segurança? Crescimento? Aprendizado? Abundância? Inspiração?

O exercício seguinte vai ajudá-lo a descobrir no que você acredita bem no fundo. Como não manifestamos o que queremos, mas aquilo em que acreditamos, este é um ótimo exercício a se fazer.

B. *Você está* agindo *de acordo com o que* diz?

Escreva alguma coisa que você realmente deseja, mas ainda não possui.

Como se comportaria alguém que tem certeza de que vai conseguir aquilo que deseja? (Por exemplo, uma pessoa que tem certeza de que um parceiro entrará em sua vida em breve não ficaria sentada em casa chorando e comendo chocolate. Ela estaria ocupada organizando a sua vida pra quando isso acontecesse. Como seria se esse fosse o seu caso?)

Você está em sintonia com isso? Quais atividades você precisa fazer ou deixar de fazer para entrar em sintonia com a energia vibracional de uma pessoa que tem o que o seu coração deseja?

Dois • O Jogo da Criação

Os Oito Espelhos do *Self*

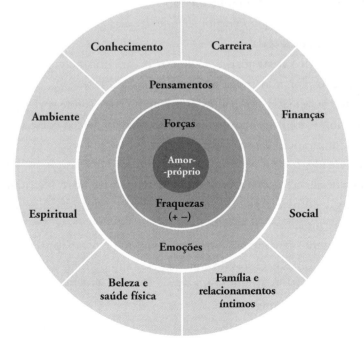

Quero apresentá-lo à ideia do maior jogo do qual você poderia participar em sua vida: o jogo de criar uma vida plena! *Você pode não fazer isso realmente, mas é uma boa metáfora para explicar esse jogo mais importante chamado vida.* Imagine que você tem um grande cone de isopor com um diagrama dos Oito Espelhos do *Self* impresso no fundo. Também tem oito palitos de dente, porque precisa de um para cada espelho. Por que espelhos? Porque tendemos a nos definir pelo reflexo que recebemos nos oito ambientes, mesmo que eles não representem quem realmente somos. O cone também tem sete faixas de cores diferentes desde a base até a ponta. Cada faixa representa um aumento de energia que você pode atingir em direção a um nível mais satisfatório de integração. (Usamos sete assim como há sete cores em um arco-íris e sete notas em uma oitava.)

Este não é um jogo de alta tecnologia, mas garanto a você uma vida inteira de alegria!

O objetivo deste jogo é encontrar o caminho de volta ao seu coração explorando todos os ambientes. Para fazer isso, você vai precisar trazer seus oito palitos do fundo do cone (onde você mora, não muito inspirado, porque está desconectado do seu coração) ao topo, onde você vive sua vida da forma que o seu coração gostaria. Na verdade, o topo do cone é o núcleo dele. Aqui, as cargas positiva e negativa, o *yin* e o *yang*, estão unidas e integradas. No fundo, as cargas positiva e negativa estão separadas na dualidade. Se você imaginar uma linha no meio do cone que vai até o topo, essa linha representará sua conexão com o coração, que é o canal para a sua alma. Os limites externos do cone representam o número de pedras que estão entre você e seu coração – a parte de baixo tem mais pedras que a de cima.

Você experimenta a sensação de peso e desespero quando vive no nível inferior. Sente medos profundos porque está desconectado da

CONVERSANDO COM O CORAÇÃO

sua alma e do amor. O maior medo de todos é o de não ser digno de amor, o que nos faz embarcar em uma montanha-russa de emoções. Se você imaginar um pêndulo balançando no meio de seu cone, as oscilações serão mais extremas na parte inferior. Em contrapartida, quando você está no topo, as oscilações são quase imperceptíveis; você está centrado experimentando o amor por meio da conexão com a sua alma. O movimento na parte inferior cria altos e baixos, e a necessidade de mais altos, que traz outros baixos. É difícil lidar com essas alternâncias considerando os extremos de felicidade e tristeza, um tipo de reação maníaco-depressiva. Quando alguém atinge esse nível, é muito provável que pense em suicídio ou use drogas fortes para amenizar a dor. Os vícios acabam levando a desafios de saúde, relacionamento, ambientais, financeiros, espirituais, sociais, familiares ou mentais que tornam ainda mais difícil se conectar com o coração.

Somos capazes de viver no nível superior quando sabemos que para cada ação há uma reação igual e oposta. Que para cada desafio existe apoio, e para todo apoio há desafio. Quando estamos vivendo no nível mais baixo, pensamos que podemos ter apoio sem desafio e vice-versa. Ficamos presos na tentativa de fugir do que parece ruim às nossas emoções em direção ao que parece bom. Quando vivemos no nível superior, não deixamos que as emoções nos guiem; nós as usamos para ajudar a nos manter fiéis ao nosso coração.

Minha experiência é que as pessoas que vivem no alto do cone em muitas áreas são mais radiantes. Elas têm carisma e compostura, o que é muito atraente. Quando você vive no nível superior, isso também faz com que a sua vitalidade aumente. Por exemplo, as exigências sobre uma mãe quando ela está cuidando de um bebê recém-nascido são imensas, mas seu amor pelo bebê lhe dá energia. Se você se sente inspirado pelo seu trabalho, faz muito mais do que se estivesse interessado apenas em um salário.

Você ganha o Jogo da Criação quando consegue levar todos os seus palitos até o topo do cone. Isso só poderá acontecer quando você tiver o domínio de si e viver uma vida plena, em sintonia com os desejos do seu coração em todas as áreas. Para chegar ao topo, tem que experimentar todos os tipos de desafios e aventuras, que vão ajudá-lo a desfazer as ilusões de que você é os próprios espelhos. Também terá muitas oportunidades para aprender a encontrar a perfeição que está em tudo e todos, porque essa é a única maneira de elevar a consciência.

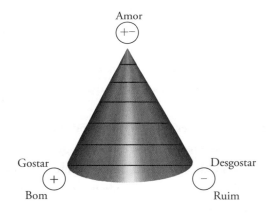

Conforme você joga, alguns desafios serão divertidos e farão com que você se sinta no topo do mundo, e alguns vão machucá-lo. Mas, com o tempo, depois de ter passado tanto pelas aventuras difíceis quanto pelas divertidas, você vai começar a olhar para o jogo de uma maneira diferente. Não vai mais passar por altos e baixos que dependem do fato de você estar ou não ganhando. Conhecerá a plenitude independentemente da aventura, porque está despertando e se sente grato tanto pelos desafios quanto pelas vitórias. Você sabe que eles o estão ajudando a alcançar seu objetivo de aprender a estar conectado com seu coração e experimentar o amor, não importa as diferentes áreas da sua vida que você está explorando.

Se você olhar para o diagrama dos Oito Espelhos do *Self*, verá que no círculo interior está o *SELF* de fato: o seu âmago, que você vivencia quando está conectado à sua alma através do seu coração. Sua alma é onde reside o seu verdadeiro eu. Ele é infinito, imortal, sábio e onde vive o amor incondicional.

O próximo anel concêntrico no diagrama engloba as forças e fraquezas iguais e opostas que você sente que possui. Trata-se de suas emoções e pensamentos conforme explora os oito ambientes diferentes ao seu redor. Esses ambientes o refletem. Se eles fazem com que você se sinta pleno, é porque você está se conectando com o seu coração, encontrando a perfeição em pessoas e eventos, trabalhando para manifestar o seu verdadeiro eu. Se não, é porque você está desconectado e vivendo na parte mais baixa do seu cone, nas frequências mais baixas. Quanto mais alto no cone, mais alta a frequência – e mais brilhante a sua luz. Quanto mais baixo você estiver no cone, menor será a frequência e menos luz projetará.

Quando as pessoas estão inspiradas e conectadas ao coração, você pode ver isso em seus olhos, e elas irradiam energia. Quando alguém vive desconectado de seu coração, em desespero, tem um tipo de escuridão ao seu redor. Quanto mais somos gratos ao experimentar cada área/espelho da vida, mais estamos conectados com nosso coração e alma, e mais ao alto do cone chegamos. Você pode ter uma família, beleza, fama e um milhão de reais no banco, mas estar vivendo na parte de baixo do seu cone. Pode não ter filhos nem muito dinheiro no banco, mas estar sentindo amor e abundância, e vivendo no topo de seu cone. Pode perder seu emprego e alguém querido, e usar o incidente para voar mais alto na plenitude da sua vida, ou pode parar de viver e esperar a morte, ressoando na parte inferior do cone. Cada desafio conta e é uma oportunidade de aprender a continuar centrado, não importa o que aconteça.

Os próprios ambientes não são tão importantes quanto a forma como você os usa para conseguir encontrar a conexão com o seu coração. Quando estamos conectados, podemos experimentar a jornada, independentemente de aonde o jogo está nos levando. Parte do desafio é aprender a desfrutar de onde estamos agora, enquanto fazemos metas para o futuro: podemos aprender a viver no topo do nosso cone, não importa em que momento da nossa vida nos encontramos.

Não há necessidade de colocar a nossa vida em modo de espera e aguardar o momento em que *tudo vai ficar bem* para experimentar a realização. Por exemplo, se você decidisse que queria ser dentista enquanto estava na escola, ficaria chateado porque não se tornou um imediatamente? E quando estava na faculdade? Como você se sentiria logo no início da sua carreira, quando tivesse várias contas, incluindo os empréstimos estudantis, para pagar? Mesmo assim, um dia você seria um dentista bem-estabelecido, que ainda teria apoio e desafios.

No início do jogo, a maioria das pessoas acha que, *se pudesse pelo menos chegar a um determinado ponto, ficaria feliz.* No entanto, uma vez que ganhamos mais experiência, sabemos que não é assim que as coisas acontecem.

O que descobrimos ao longo do caminho é que a verdadeira felicidade acontece quando nos conectamos ao coração, e não por meio da conquista de um objetivo final ou das paixões dos nossos sentidos. Pode até demorar, mas todos os diferentes torneios do jogo ao longo da vida, com certeza, nos guiam à compreensão de que só realmente nos sentimos vencedores, bem-sucedidos, amados e capazes de amar quando estamos conectados ao coração.

Acho que esse jogo de baixa tecnologia é o mais incrível de todos, e a recompensa do vencedor vem com a coragem de jogar e dar tudo de si.

CONVERSANDO COM O CORAÇÃO

Quando estamos totalmente conectados à nossa alma através do nosso coração, nós experimentamos a luz da alma. Acredito que esse é o caminho para a iluminação. É o caminho que cada ser humano por fim decide seguir. Esse caminho nos leva à alma conforme ganhamos amor e sabedoria. Pode nos levar algumas vidas para atingir esse ponto, mas também podemos ser pacientes e desfrutar dos jogos, independentemente de ganhar ou perder. Cada vez que enfrentamos desafios direta e integralmente, aprendemos com rapidez quando não nos sentimos dignos de amor. Podemos desfazer essa ilusão encontrando a perfeição, ouvindo o coração e agindo de acordo com ele. Nós nos tornamos pessoas inspiradas e inspiradoras. Pessoas que enfrentam desafios e se erguem depois deles são celebradas ao longo da história. Quando você vive com o coração, é inevitável que toque a vida de muitos. As pessoas são atingidas pela energia do amor e da inspiração.

Ver a vida como o Jogo da Criação faz com que cada segundo do seu dia tenha mais significado. Quanto mais você *joga* com o seu amor por si mesmo e pelos outros, mais satisfatório ele se torna. Alinhar todos os ambientes para apoiar os desejos do seu coração é um jogo desafiador, mas divertido. E, como em qualquer jogo, ganhamos e perdemos, mas é isso que faz valer a pena jogar. Se você pudesse ganhar o tempo todo, provavelmente pararia de jogar bem rapidamente, porque seria entediante. Com a experiência, depois que você perdeu e ganhou muitas vezes, o objetivo do jogo se torna dominá-lo com maestria.

Quanto a mim, embora ainda queira ganhar os jogos dos quais decido participar, aproveito-os pelas coisas que posso aprender com eles. Por exemplo, enquanto exercia a quiropraxia, era muito bem-sucedida em fazer o que amava, e ajudei muitas pessoas durante anos. Minha vida era muito boa. Costumava tirar férias três meses por ano apenas para ser quem eu sou, viajar e participar de seminários, com os quais continuava aprendendo, o que é um dos meus valores mais importantes. Já pratiquei alguns esportes malucos, como canoagem no gelo e alpinismo, e conheci pessoas maravilhosas que pude amar. Então, chegou a hora de encarar meus medos de participar de um jogo novo, para que eu pudesse permanecer fiel ao meu coração. Deixei para trás o estilo de vida belo e seguro que eu conhecia em troca do desconhecido. Tornei-me uma *coach* transformacional que ministra seminários, escreve e usa a televisão e a mídia impressa para alcançar quantas pessoas for possível e inspirá-las a restabelecer a conexão com seu coração.

Precisei começar do zero novamente, criar uma nova reputação e aprender novas regras. É um jogo novo. Há desafios e inseguranças. Faço coisas que estão fora da minha zona de conforto, mas também sei que isso significa que estou crescendo. Estou aprendendo bastante, pois estou imersa em um jogo que me inspira e para o qual estou dando tudo de mim. E, para mim, isso é vencer. Conforme vou ficando mais velha, sinto cada vez mais satisfação em minha vida, o que se deve ao fato de eu estar ganhando sabedoria e gratidão à medida que descubro cada vez mais sobre o mundo, sobre mim mesma e sobre o amor. O que eu aprendo com cada experiência pela qual passo e cada pessoa que conheço me dá a oportunidade de ver um pouco mais da magnitude do universo em sua perfeição – em tudo!

Como seres humanos, algumas vezes conseguimos viver o momento. Às vezes, aprendemos rápido e ganhamos sabedoria, mas, outras vezes, deparamos com desafios e frustrações, e não somos tão sábios. Quando estamos no momento e conectados com o nosso coração, vemos beleza onde antes não havia; nos tornamos humildes, expandimos nossa consciência e nos sentimos verdadeiramente abençoados. Pessoalmente, tenho projetos nos quais estou trabalhando, mas sei por experiência própria que, quando eles estiverem terminados, vou simplesmente procurar novos projetos para realizar. Então, faço questão de aproveitar o que acontece a cada dia e desfruto dos pequenos momentos que, em outra ocasião, seriam ignorados.

O maior desafio durante *o jogo* é que a maioria de nós passa a primeira parte da vida adormecida espiritualmente, porque não estamos prestando atenção ao nosso coração. Estamos participando de um jogo mas sequer sabemos disso. Estamos ocupados reagindo aos eventos, seja por causa dos reflexos condicionados/pavlovianos ou porque estamos fugindo do que nos parece desconfortável, indo em direção ao que parece bom a nossas emoções e sentidos. Ou, ainda, porque estamos tentando ser tão bons quanto ou melhores que alguém. Até que um dia despertamos espiritualmente e percebemos que o objetivo de nossa vida é satisfazer o nosso coração, e então começamos a prestar atenção nele.

O processo é perfeito, pois aprendemos muitas lições e desenvolvemos muitos traços, talentos e qualidades enquanto estamos adormecidos na fase de reação. Cada ação que tomamos tem um equilíbrio perfeito de prós e contras, ou de prazer e dor. Quando agimos orientados pelo nosso coração, ainda deparamos com essas dualidades, mas nos sentimos mais plenos.

A diferença entre os seres humanos está em nossa personalidade. Existem bordos, carvalhos e pinheiros, mas todos eles são árvores. Dois bordos são diferentes um do outro, mas ainda são bordos, porque possuem galhos e folhas diferentes. Algumas árvores são mais duras, suportam ventos mais fortes e queimam mais tempo. Isso pode ser bom se você quer se aquecer ao lado de uma fogueira, mas ruim se você está tentando apagar um incêndio florestal. Algumas árvores são mais macias e mais fáceis de manejar, dando origem a bons móveis. Tudo serve a um propósito no panorama geral. Um bordo não é melhor do que um pinheiro, e um pinheiro não é melhor do que um carvalho.

Os seres humanos, assim como as árvores, não são uns melhores que os outros. Nossos diferentes traços de personalidade tanto nos apoiam quanto nos desafiam. Se você é do tipo que gosta de correr altos riscos e avança com muita energia, provavelmente é *bom* tê-lo por perto no trabalho, mas pode ser *chato* quando estamos tentando relaxar. Se você é do tipo maternal, que gosta de cuidar das pessoas, deve ser legal tê-lo por perto quando estamos doentes ou com fome, mas talvez não seja tão agradável quando estamos enfrentando um grande desafio no trabalho.

Cada característica nos apoia e desafia, tem seus prós e contras, e foi formada pelas reações que você teve aos acontecimentos de sua vida. Mesmo as personalidades difíceis são úteis, pois nos ensinam muitas lições sobre o amor. Como na natureza, todas as características são importantes e se equilibram. Se você matar os lobos, cedo ou tarde os coelhos começarão a procriar demais, e todo o ecossistema será afetado. Cada um de nós é importante para o todo: essa é a beleza e a perfeição nas pessoas e nos eventos da nossa vida.

A concepção do jogo também é perfeita, porque os jogos da fase inconsciente lhe fornecem experiência na qual se apoiar na fase desperta. Para viver conscientemente, você precisa de mais sabedoria, presença e conhecimento sobre a diferença entre coração e paixão. Aprender a estar em sintonia é uma jornada interessante. É muito útil ter passado pela *fase adormecida*, na qual experimentamos muitas paixões, ressentimentos e ciclos de amor.

Durante a fase em que estamos *adormecidos espiritualmente* (fase de reação), não precisamos ser sábios nem pensar muito. Apenas reagimos ao que está acontecendo ou fazemos o mesmo que a maioria das pessoas ao nosso redor. Talvez tentemos reagir nos esforçando para ser diferentes da nossa família ou cultura, para que não nos tornemos aquilo de que não gostamos. Às vezes, reagimos tentando ser como a nossa família ou cultura ordena. Essa fase não depende de estar presente; você só precisa reagir às circunstâncias nas quais nasceu, em vez de ser guiado pelo seu coração. As reações criam dinâmicas que nos levam a diferentes direções e nos ajudam a desenvolver traços distintos que, de outra forma, não teríamos. Mas, ainda assim, trata-se de apenas uma reação, e não uma cocriação ativa da nossa vida.

Em outras palavras, isso tudo acontece até que comecemos a acordar espiritualmente, quando passamos a ter consciência do que parece certo para o coração em vez de para nossas emoções. Quando estamos em sintonia com o coração, a própria definição de dor ou prazer é diferente.

Por exemplo, eu era muito tímida quando criança. Não queria ficar perto de outras crianças, e ficar escondida em casa lendo livros era bom para mim. Não há nada de errado em passar um tempo sozinha com os livros. Me senti confiante enquanto escrevia este, em parte, porque já tinha lido muitos deles, o que me foi bem útil. Mas estava começando a me afastar das pessoas, em grande parte, porque estava reagindo; estava fugindo do doloroso sentimento de não ser legal o suficiente para ter amigos, porque éramos pobres. Não estava fazendo aquilo seguindo meu coração. Os livros eram mais seguros, e sentia mais prazer neles. Não me sentia digna de bons amigos que me inspirassem e quisessem ficar comigo. Não é incomum sentir-se careta ou sem valor quando criança. É o grande desafio humano que cria a necessidade do jogo de busca da nossa autoestima. Agora que estou mais consciente, ainda passo muito tempo lendo livros, mas não porque não me sinto digna de amor. Porque amo ler livros.

Quais coisas você gosta de fazer por estarem mais alinhadas com seu coração?

À medida que você se torna consciente dos desejos do seu coração, em vez de reagir aos acontecimentos ao seu redor, começa a criar conscientemente sua vida. Quando os eventos/pessoas ao seu redor estão em consonância com o seu coração, você os descreve como sendo bons, e quando não estão, você os chama de ruins. Na verdade, não há situação boa ou ruim, já que tudo tem uma utilidade. Até mesmo as aventuras furadas que inventamos nos fazem passar por experiências que nos guiam de volta ao nosso coração. Nossa alma nos orienta a voltar constantemente. É que, apenas quando acordamos espiritualmente e tomamos decisões conscientes baseadas no que o nosso coração deseja, temos um caminho mais direto para a plenitude.

Garanto que, se a única coisa que você fizesse depois de ler este livro fosse se perguntar: "Isso é bom ou ruim para o meu coração?", sua vida se tornaria uma aventura incrivelmente gratificante. Em meio a qualquer situação, você só precisa se fazer essa pergunta. Pode ser ao gastar dinheiro, poupar dinheiro, ir à igreja, estar em uma relacionamento ou comer um pedaço de bolo. Qualquer área da sua vida pode ser guiada pelo seu coração.

Por exemplo, se você está no meio de uma discussão com alguém, ao fazer a pergunta a si mesmo, você pode descobrir que é o seu ego falando e optar por parar, porque sabe que não é isso que seu coração deseja. Quando for, você vai sentir que fez o certo e sua autoestima vai aumentar. Se estiver no meio de uma outra discussão, na qual realmente está defendendo o seu ponto de vista e fazendo o que é certo para o seu coração, mantendo uma atitude respeitosa e assertiva, também vai expandir sua autoestima. Nada é imutável; tudo depende da situação.

"Como você sabe se quem está falando é o seu coração, a sua mente ou a sua emoção?" Essa é uma das perguntas mais frequentes neste ponto. Na minha opinião, esse é um dos maiores desafios que enfrentamos quando decidimos ser um ser humano completamente realizado. Quando aprendemos a diferença entre o que é certo para o nossa coração e o que é apenas algo que parece bom aos nossos sentidos, emoções ou ego, nos tornamos *jogadores avançados, ou mestres.* Algumas vezes será óbvio; outras vezes não saberemos até decidirmos ir em frente e buscar a resposta.

Sou visitada por pessoas que estão muito tristes e sentem que deveriam saber por quê. Mas a verdade do ser humano é que, às vezes, não devemos saber; só precisamos apreciar o processo. Esse é o jogo. Se a ideia fosse que tívessemos todas as respostas, qual seria o sentido de um jogo desses? Às vezes a única coisa que podemos fazer é mergulhar de cabeça e ver o que encontramos. É assim que aprendemos a ganhar no jogo humano de viver uma vida plena. Nunca podemos perder! Tudo funciona. Tudo é uma lição que nos guia de volta ao amor.

Exercício

Deborah Rozman, do Instituto HeartMath, me passou este exercício. Ele é bem útil para ajudá-lo a alcançar a clareza em sua mente e seu coração. É um exercício simples, que fornece bons *insights*:

1. Sente-se em um canto do seu quarto e fale como se fosse sua cabeça se expressando sobre um assunto que não ficou claro para você.

2. Vá para outro canto e fale como se fosse seu coração se expressando.

Convém ter alguém ouvindo para que você se torne mais *presente*. Quais foram os seus *insights*?

Três

Explorando o Jogo da Criação

Para conseguir mais *insights*, gostaria de voltar ao Jogo da Criação. A ideia é mover seus palitos de dente da parte inferior do cone, onde você está reagindo, ao topo do cone, onde você vive pelos valores do seu coração. Você precisa prestar atenção aos oito ambientes/espelhos do *self* enquanto coloca arbitrariamente os palitos no nível em que você sente ressoar em cada um. Em alguns ambientes, seus palitos podem estar na parte mais baixa, outros no meio, enquanto alguns podem estar mais perto do topo.

No início do jogo da nossa experiência humana, quando estamos adormecidos espiritualmente, atribuímos uma sensação especial de autoestima a um ou mais dos nossos ambientes/espelhos. Aí está a beleza e o objetivo do jogo: aprendemos a acordar espiritualmente, diferenciando o nosso verdadeiro eu e o nosso valor de ambientes externos. Nem sempre tudo é preto e branco, e há diferentes graus de dificuldade dependendo do nível de desafio em que você quer jogar. Como nos videogames, você pode jogar no nível iniciante, intermediário ou avançado.

Se você não é controlado pelo seu ego e gosta de dominar o jogo o mais rapidamente possível, não vai se sentir mal por perder muito ao jogar nos níveis mais difíceis. Por exemplo, se você já jogou um monte de videogames, é mais fácil escolher níveis mais difíceis ao tentar um jogo desconhecido, porque você já descobriu alguns padrões que são temas comuns na maioria dos jogos. Você vai se dar mal muitas vezes, mas logo vai aprender todos os tipos de lições e se tornar um expert por esse motivo. No entanto, se você nunca jogou videogame e resolve ir direto para o nível avançado, pode se dar mal muitas vezes e ficar tão desanimado ao ponto de parar de jogar.

No jogo do cone, quanto mais avançado o nível que você deseja jogar, mais em sintonia com seu coração você precisa estar. Terá de realmente saber que o ambiente exterior é apenas um reflexo de você, não quem você é. Precisará conhecer as nuances. Quanto maior a ilusão de que o ambiente é *quem realmente somos*, maiores as lições. Quanto maior o grau de dificuldade que você escolhe, maiores as oportunidades para diferenciar o coração das emoções. Isso o ajudará a ser um criador magistral e poderoso.

Por exemplo, você pode estar em um relacionamento e saber de coração que ele não é certo para você, mesmo que ambos tenham trabalhado nele, porque as diferenças de valores são muito extremas e difíceis de administrar. Dependendo do nível em que decidir jogar, você terá opções diferentes. Se você está no nível iniciante, em que não precisa estar tão em sintonia com seu coração, pode escolher continuar no relacionamento. Pode escolher não desistir porque é mais seguro, já que não sabe se algum dia vai encontrar outra pessoa que esteja mais alinhada com o seu coração.

Haverá prós e contras para qualquer escolha que fizer. Se você for embora, terá que passar pelo estresse da mudança de ambientes, da divisão de bens, de desistir de velhos sonhos, de lidar com a decepção de não ter funcionado – mas você vai ter a chance de conseguir se conectar com o coração. Será capaz de fazer escolhas mais inteligentes para seus relacionamentos se ouvir seu coração. Se ficar, você não terá que passar pelo estresse da mudança para si mesmo nem para os outros envolvidos na dinâmica. Mas você também vai pagar o preço de não se sentir conectado ao seu companheiro da forma que o coração deseja. Vai aprender lições valiosas sobre o amor, e o preço a pagar por ficar em um relacionamento apenas por medo.

Não importa a escolha que fizermos, ela sempre virá com prós e contras. Quando sabemos disso e decidimos ficar em uma situação porque ainda não estamos prontos para dar um passo, acabamos sentindo mais gratidão pelo inconveniente.

Vamos tornar o jogo ainda mais desafiador. E se o relacionamento não o inspira mais, mas vocês alcançaram certa estabilidade financeira e têm filhos juntos? O que você faz? Algumas pessoas continuam no relacionamento e outras vão embora. Outras sabem que vão embora quando os filhos crescerem. Durante esse tempo, elas costumam dedicar mais energia a outras áreas de sua vida que não envolvem o amor romântico.

Às vezes, o jogo é mais complicado, pois pode haver pressões culturais ou religiosas, ou interesses de trabalho que seriam comprometidos se você deixasse o relacionamento. Você fica ou segue em frente, pagando o preço durante algum tempo? Quanto mais fatores houver para levar em consideração, de mais coragem e sabedoria você precisará para ser honesto com seu coração.

Às vezes, você precisa respeitar seu próprio tempo para fazer uma transição sábia. Talvez você precise descobrir algo sobre si mesmo ou criar estabilidade financeira antes que possa dar esse salto. Fazer muitas mudanças de uma só vez pode ser demais para você. Isso pode ser resultado de se apaixonar pelo conceito de ser verdadeiro com o coração em vez de estar realmente em sintonia com ele. Portanto, se você tem tanto desafios de trabalho quanto de relacionamento, pode, por exemplo, precisar ir mais devagar ao fazer mudanças no trabalho enquanto busca transformar o seu relacionamento.

Às vezes é mais cuidadoso demorar mais tempo para fazer uma transição em vez de mudar muito rapidamente. Transformar rapidamente o ambiente é estressante para as pessoas.

Assim é a vida no planeta Terra. Somos seres espirituais em uma aventura humana. Trata-se de um grande jogo – o jogo de redescobrir que somos seres espirituais e criadores poderosos. Participamos dele enquanto estamos totalmente imersos na experiência humana, usando nossas emoções, nossas mentes e nossos corações. Alguns podem enfrentar jogos com apostas muito altas sem muito estresse, porque têm autoconfiança e um bom histórico. Em contrapartida, como alguns são muito novos no jogo, não jogam tão bem daquela vez.

Alguns jogadores são confiantes demais e acabam perdendo, enquanto outros são cuidadosos ou medrosos demais e aprendem em um ritmo muito lento. Há quem esteja no fluxo e aprenda com mais facilidade, enquanto há quem enfrente dificuldade após dificuldade. Tudo isso parece apontar que alguns de nós estão no jogo há muito mais tempo que outros. Os jogadores experientes se mostram seres humanos que parecem ter tudo, ou são capazes de enfrentar qualquer desafio e crescer com ele, ao passo que os *novatos* não conseguem se recuperar quando algo acontece com eles.

Alguns jogadores experimentam o paraíso na terra, enquanto outros parecem viver no inferno, porque confundem seus ambientes com eles mesmos. Eles lutam contra ambientes externos, em vez de perceber que eles mesmos os estão criando. Por exemplo, se você acha que as pessoas geralmente são más, significa que algo dentro de você ressoa e você faz mal a si mesmo. Quando não nos sentimos dignos de amor, ou somos bonzinhos demais, o que faz com que as pessoas nos tratem como capachos, ou paramos de ser bonzinhos. De qualquer maneira, acabamos atraindo pessoas que serão más com a gente. Quando o nosso coração está cheio de amor, é fácil

Conversando com o coração

amar incondicionalmente os outros. Se fosse verdade que as pessoas são más, todos passariam por tal experiência. Mas esse não é o caso. Se dinheiro é uma fonte primária de desafios e nunca há o bastante, é porque você não reconhece seu próprio valor. Se não se sentir digno, nunca vão pagar o suficiente. Quando você continua no mesmo emprego por medo, ou não é bom o suficiente para encontrar um melhor ou a economia está tão ruim que ninguém está contratando. Você continua reclamando sobre a situação, mas não faz nada para que ela mude. Talvez gaste demais para tentar encobrir o sentimento de falta de valor. Quando confundimos nossos ambientes/espelhos com nós mesmos, nos tornamos impotentes e passamos por uma experiência do jogo humano que não é tão divertida, ao contrário do jogador mais avançado, que conhece os truques. Os *experts* sabem como criar seus ambientes. Se não gostam deles, simplesmente transformam suas crenças sobre si mesmos, então os ambientes/espelhos mudam.

As pessoas que jogam com mais frequência despertam mais cedo que os outros. Elas sabem que são criadores poderosos. Saem manifestando uma vida de realizações, utilizando o seu coração e as diferentes áreas/espelhos da vida como pistas para ajudá-las a encontrar e eliminar as ilusões de que não são dignas de amor. Todos os desafios nos ajudam a crescer, portanto devemos também abraçá-los, pois eles são personalizados para que possamos aprender do jeito mais eficiente possível. Aprendemos tanto com o nosso coração quanto com as nossas emoções/ego. Tudo tem bastante utilidade.

É bem estressante quando apostamos muito alto, já que podemos nos *esgotar*, pois temos que aprender muitas lições rápido demais. Tome cuidado com a velocidade com a qual você quer manifestar grandes metas. Quanto maiores os objetivos, mais sábio é dar tempo ao tempo. No entanto, se apostamos baixo demais, não é muito melhor: podemos acabar nos sentindo *deprimidos*, porque estamos suprimindo o que realmente queremos. Quando nos sentimos exultantes com nós mesmos, ou quando nos sentimos mal por nós mesmos, é porque não estamos em sintonia com o nosso coração – estamos conectados ao nosso ego, experimentando emoções. A beleza do sentimento de exaustão ou de depressão é que eles nos dão vontade de fazer algo para nos sentirmos melhor, e então começamos a prestar atenção ao coração. É um mecanismo de orientação perfeito!

Às vezes as pessoas vêm até mim reclamando que parecem não conseguir encontrar a *felicidade*. Elas culpam, por exemplo, sua aparência, seus relacionamentos, sua carreira ou sua situação financeira pela maneira como se sentem. Elas querem impedir o desconforto a todo custo. Elas se tornam obcecadas, porque não parecem conseguir se libertar disso, mas estão presas, pois acham que vão experimentar a plenitude se atingirem um determinado objetivo no mundo externo, em vez de através de uma conexão com o coração.

A razão pela qual elas estão sofrendo não tem nada a ver com o desafio que estão enfrentando, mas sim com o quanto elas estão conectadas ao seu verdadeiro eu. Se elas não entenderem isso, vão simplesmente continuar atraindo o mesmo tipo de lições repetidamente. Por exemplo, uma pessoa pode estar acima do peso e ser totalmente apaixonada por si mesma, enquanto outra se menospreza. Uma pessoa pode não ter dinheiro no banco e ser grata por sua vida, enquanto outra quer cometer suicídio. Como disse Viktor Frankl, o mundo exterior não dita como nos sentimos; a escolha é nossa. Podemos abrir o coração para experimentar o amor e a gratidão por nós mesmos e pela nossa vida, ou podemos fechá-lo. Quando o coração está fechado, tememos não ser dignos de amor, e essa ilusão cria todas as outras emoções.

Independentemente do que o ambiente exterior reflete, precisamos apenas nos tornar detetives e obter pistas de quanto estamos conectados com o coração. É isso que torna o Jogo da Criação tão interessante. Quando mergulhamos de cabeça, temos a oportunidade de descobrir onde temos antigas ilusões de falta de merecimento. Então, podemos desfazê-las e experimentar a plenitude.

No fundo, não estamos procurando beleza, riqueza, relacionamento ou sucesso de carreira; procuramos que o nosso *coração se sinta bem*. Isso acontece quando transcendemos a dualidade e abraçamos a mistura perfeita de treva e luz, bom e ruim, apoio e desafio, dor e prazer. Naturalmente, leva tempo para desenvolver o nosso mais puro amor por nós mesmos e pelos outros, mas é um jogo que vale a pena.

Quando estamos adormecidos espiritualmente, a perda ou o desafio de qualquer um dos Oito Espelhos do Self podem criar uma crise de identidade.

Isso nos impulsiona para um período de *busca da alma*, obrigando-nos a encontrar nosso valor para eliminar a tempestade emocional que nos faz sentir tanta dor. A dor na verdade é um presente, porque sem ela apenas viveríamos alegremente na ilusão que nos impede de experimentar a alegria de sermos nós mesmos. *E o jogo começa.*

O objetivo então é encontrar nosso caminho de volta ao coração e descartar a identidade que tínhamos confundido com o espelho. Isso é complicado. *Os espelhos são um reflexo de quem sentimos que somos naquele momento, mas não são quem somos.* Exatamente como um espelho reflete a sua imagem, mas não é você de verdade. Se você não gosta do que vê em um espelho, não vai e pega outro. Penteia o cabelo, troca de roupa ou apenas aprende a aceitar o que vê. Você pode ter passado pela experiência de ter terminado relacionamento após relacionamento, só encontrando pessoas com a mesma personalidade. Mesmo que em um primeiro momento você jure que "este é diferente", há uma similaridade. As pessoas que atraímos na nossa vida, assim como no resto dos ambientes, são nossos espelhos; a menos que nos transformemos, não conseguiremos atrair alguém ou algo diferente.

Os reflexos pavlovianos têm um papel muito importante em todos os ambientes. Se inconscientemente você associou mais dor que prazer ou mais prazer do que dor a qualquer um dos ambientes, ou se de alguma forma não sentiu que merecia o ambiente que deseja conscientemente, o inconsciente vence. Não importa o quanto você queira conscientemente, não vai conseguir.

Quando trabalho com as pessoas seus assuntos financeiros, relacionamentos amorosos e sociais, ou qualquer área em que seja necessário um núcleo sólido para enfrentar desafios, sempre exploro os reflexos pavlovianos, porque eles são uma causa muito importante de bloqueios ao sucesso. Se, enquanto você estiver no meio de uma competição, *o sino pavloviano soar* e lembrá-lo de um momento em que você fracassou, não se sentiu digno da vitória ou foi condenado ao ostracismo por vencer, esse fato vai trabalhar contra você. Sua fisiologia reage ao momento em que isso aconteceu pela primeira vez, e você enfraquece.

Você pode aplicar esse princípio a qualquer ambiente. Por muito tempo, perdi coisas belas e especiais que comprava ou ganhava de alguém. Quando finalmente trabalhei um pouco em cima disso, descobri o evento que fez com que eu ficasse assim. Tinha cinco anos, e minha avó costumava me dar moedas para que eu comprasse doces na loja da esquina. Geralmente ganhava cinco centavos, e dez centavos já era um sonho, mas naquele dia ganhei vinte e cinco centavos. Eu estava muito feliz, mas senti como se uma parte de mim realmente não merecesse isso. Fui à minha lojinha de esquina e comprei um balão incrível que parecia um pato. Levei o balão para casa, e então, minutos depois, ele estourou na cerca. Fiquei arrasada. Lembrei-me muito vividamente de como me senti naquele momento. Senti que não merecia coisas especiais e lindas, e desde então eu as perdi, elas quebraram ou foram tomadas de mim. Esse evento teve um grande impacto na minha autoestima. Não era verdade: não era porque meu balão explodiu que eu não merecia ter coisas bonitas. Essa ilusão ficou armazenada na minha fisiologia e me afetou durante muitos anos. No entanto, se transcendermos a dualidade, veremos que esse evento teve um equilíbrio perfeito de apoio e desafio. Os benefícios do meu sentimento de não ser digna de coisas belas me levaram a me destacar na escola, em casa e nos esportes, para que eu me sentisse merecedora. Tenho muitas boas lembranças e muitas realizações das quais me orgulho por causa disso.

Você pode ter histórias semelhantes que o impactaram profundamente. Talvez alguém tenha tirado sarro de você enquanto você apresentava um trabalho na frente da classe, ou você tenha esquecido suas falas em uma canção ou uma peça de teatro. Talvez alguém tenha zombado de você por suas notas na escola, ou por convidar alguém para sair. O que quer que seja, agora, quando *o sino toca*, quando algo parece familiar, você apenas reage ao passado e bloqueia a oportunidade de conseguir algo que adoraria.

É importante que você tenha consciência disso, porque você vai ver os efeitos dos reflexos pavlovianos em ambientes diferentes. Eles podem realmente ficar no seu caminho, mas são bastante fáceis de eliminar.

Para lhe dar uma melhor ideia de como jogamos em diferentes ambientes, gostaria de explorá-los separadamente. Vamos explorar o que pode acontecer se você se sentir ameaçado pela derrota em qualquer um deles.

Os Oito Espelhos do *Self*

O espelho da *carreira* é muito bom para nos desafiar a despertar. Se você investiu anos de compromisso em determinado trabalho e, de repente, é demitido, é muito fácil sentir um baque emocional, já que a sua identidade foi mudada repentinamente. Quem é você, se você não é mais o chefe do seu departamento? Esse tipo de desafio pode criar uma crise de identidade que nos guia de volta ao nosso coração.

Fazer um trabalho que você odeia também o desafia a despertar. Para algumas pessoas, o processo de despertar espiritual chega cedo. Para outras, pode levar anos até que elas determinem que o que estão fazendo pode ser bom para a sua segurança financeira, mas não as desafia nem utiliza seus talentos. Se você se sente preso em um trabalho que não é inspirador, mas fica com receio de perder a segurança ou o tempo de casa, recomendo fortemente que encontre maneiras de criar uma transição suave para algo que vá fazer com que você se sinta mais vivo. Se você se perguntar: "Ficar neste trabalho é bom para o meu coração?", e a resposta for "não", então não importa o quanto isso seja assustador, crie um plano para fazer uma transição em direção ao que seu coração deseja. Você aumentará consideravelmente sua autoestima, o que por sua vez vai refletir em todos os ambientes de sua vida. Isso sempre compensa em longo prazo, seja por meio de recompensas financeiras, saúde ou ganho de energia.

A verdadeira alegria aparece em nossas carreiras quando sentimos que estamos usando nossos talentos dando o máximo de nossa capacidade. Ser útil aos outros e ser recompensado financeiramente é realmente gratificante. E, quando você vê que as coisas que mais o machucaram enquanto você crescia ajudaram no desenvolvimento dos talentos necessários para o seu trabalho, se sente profundamente curado.

O ambiente das *finanças*, pelo menos na cultura norte-americana, é muitas vezes usado para medir o valor das pessoas. Essa é uma boa maneira de jogar o Jogo de Criação e descobrir milhares de coisas sobre nós mesmos conforme ganhamos ou perdemos dinheiro.

CONVERSANDO COM O CORAÇÃO

Lembro-me de um cliente meu que foi à falência quando tinha seus sessenta anos. Ele havia crescido em uma família rica e frequentado universidades da Ivy League*. Jogou futebol internacionalmente, se casou com uma mulher bonita, teve filhos lindos e foi o CEO mais novo da empresa em que trabalhava. Então, já com seus sessenta anos, abriu uma empresa que não fez o sucesso que ele esperava. Ele teve vontade de se matar. Perguntei a ele se ainda pensaria em cometer suicído se tivesse perdido seus bens materiais por causa de uma guerra. Ele disse que não. Perguntei o motivo. Ele disse que aquilo era o que a sociedade esperava dele, que na idade dele ele *deveria* ter um certo estilo de vida e algum valor financeiro. Foi interessante ver que ele colocou a opinião que a sociedade tinha dele acima da opinião que ele tinha de si mesmo e do seu valor: seu ambiente financeiro tinha sido desafiado, e a ideia que ele tinha de si mesmo também.

Se você olhar para o objetivo do Jogo da Criação, que é se conectar ao coração, esse homem estava recebendo uma grande ajuda para chegar lá! Suas emoções e pensamentos não gostaram disso, mas seu eu/*self* superior desejava essa experiência.

Existe a teoria e o aspecto prático do que estou escrevendo aqui. Sei que dói quando não estamos prontos. Não é fácil passar por esses momentos de lições necessárias quando você não sabe que, na verdade, o desafio é apoio. No entanto, uma vez que compreende isso e percebe a magnitude do plano da sua vida, você se sente grato. A gratidão traz uma sensação de abundância que reflete rapidamente em nossos ambientes. Como a energia não pode ser destruída ou criada, mas apenas mudar de forma, o que desaparece na forma de

---

* Ivy League é o nome da liga esportiva formada por oito das tradicionais e mais destacadas universidades do nordeste dos Estados Unidos: Brown, Columbia, Cornell, Dartmouth, Harvard, Princeton, Pennsylvania e Yale (N. T.).

prosperidade financeira pode se tornar prosperidade espiritual, no relacionamento, na carreira, inspiração ou sabedoria se escolhemos enxergar e aceitar isso. Quando decidimos fazer isso, percebemos que nada está faltando, o que acaba curando a dor. Esses eventos não são punições, mas oportunidades para aprender algo que nos dá maior satisfação verdadeira.

E como fica o ambiente *social*? A sociedade está ligada aos nossos amigos e círculos sociais. No exemplo anterior, meu cliente sentiu que estava perdendo o respeito de seu círculo social, bem como a sua posição financeira. A maioria dos ambientes tem influência sobre mais de um círculo. O ambiente da carreira influenciará as finanças, podendo influenciar o ambiente do seu carro e casa, que por sua vez influenciará sua família etc. Enfrentar a perda de nossos amigos ou círculo social pode tornar ainda mais difícil o caminho para o nosso coração, especialmente se passamos muito tempo com eles e nos sentimos culpados com a ideia de deixá-los.

Uma das minhas clientes sempre teve o sonho de se mudar da costa leste para o oeste. Ela amava a natureza e o ritmo mais descontraído de lá, mas tinha receio de deixar seus amigos e familiares. Um dia, no entanto, ela tomou coragem para seguir seu coração e foi morar nas montanhas. Conseguia usar o telefone e de vez em quando visitava o pessoal de casa, mas naturalmente acabou fazendo novos amigos no oeste. Novamente, a energia não foi destruída ou criada – só mudou de forma.

Pode ser preciso ter coragem e acreditar em si mesmo para deixar um grupo ao qual você não se sente mais conectado uma vez que você abre o seu coração. O que você faz se não acredita mais em uma ideologia política, por exemplo? Quem é você, se deixar todas as pessoas da sua comunidade com quem compartilhava crenças similares? Lembro-me de assistir a uma entrevista fascinante com um jovem que havia crescido em uma família que pertencia à Ku Klux

CONVERSANDO COM O CORAÇÃO
93

Klan. A KKK estava realmente enraizada na cidade onde ele viveu, e a maioria de seus amigos estavam conectados a ela de alguma forma. No fundo de seu coração, ele sentia que era errado fazer parte de um grupo desse tipo. Foi preciso muita coragem para deixá-lo, porque a única saída era se mudar para outra cidade, onde ele seria desconhecido. Às vezes, quando estamos muito ligados a determinado grupo e as pessoas esperam que nos comportemos de determinada maneira, isso nos faz perder a nossa individualidade. Para ser fiel ao seu coração, ele deveria estar disposto a encarar o fato de que perderia seu grupo de *amigos*.

Seguir o nosso coração nem sempre é fácil, mas faz com que nos sintamos orgulhosos de nós mesmos – não de forma egoísta, mas de maneira saudável. Alguns podem enfrentar o desafio, enquanto outros ainda não estão prontos. Às vezes, demoramos algum tempo para criar coragem de fazer as malas e ir embora. Muitas vezes, só precisamos acumular mais algumas experiências antes de compreender a verdade de nosso coração e nos sentirmos fortes o suficiente para agir.

O ambiente *físico* é um ótimo lugar para encontrar a nossa autoestima. A beleza física, especialmente, vem sendo uma fonte de segurança para as mulheres ao longo dos tempos. Esse é, portanto, um ótimo ambiente para jogar e aprender sobre o verdadeiro valor.

É muito fácil confundir quem somos com a nossa aparência exterior. As crises normalmente ocorrem à medida que envelhecemos, quando de repente as pessoas que costumavam virar a cabeça para nós já não nos olham mais. Se a autoestima de uma pessoa é baseada nesse tipo de atenção, que aos poucos vai sumindo, isso gera uma crise de identidade. Quem sou eu se minha beleza física já não reforça mais o meu valor?

Se quisermos, podemos usar o período mais maduro da vida como uma forma de nos libertarmos da pressão de prestar mais atenção à beleza exterior do que à beleza interior de um coração amoroso, onde mora a alegria. Esse pode ser um tempo muito poderoso de transformação, de descobrir a nossa verdadeira beleza, de ganhar sabedoria e de ter amor por nós mesmos.

Em muitas culturas, a beleza física está intimamente ligada a ter um determinado tipo de corpo, que vem com um determinado peso. O peso se tornou um *jogo* muito bom, que nos obriga a procurar o nosso verdadeiro valor. Ao enfrentar os desafios que o peso como uma medida de beleza em nossa cultura nos traz, aprendemos muito sobre o quão bem pensamos de nós mesmos e o quanto *estamos jogando do nosso lado*. A arte é que sejamos capazes de nos aceitar como somos, mas ainda desejando manter nosso peso em um nível saudável, para que nos sintamos energizados. Esse desafio é bem grande, e com ele aprendemos todos os tipos de nuances sobre amor-próprio e sabedoria que, do contrário, não seriam aprendidas. Essa é uma bela ferramenta (ou jogo) feita para nos ajudar a amar a nós mesmos. Como todos nós aprendemos lições com o amor-próprio, o peso não é uma fonte tão ruim para esse aprendizado.

Se não fosse para aprender pelas questões de peso, que desafio você preferiria escolher? Nenhum desafio parece bom aos sentidos ou emoções até que o transcendamos.

Nosso ambiente físico também é desafiado à medida que envelhecemos e perdemos o desempenho físico que costumava nos trazer reconhecimento. Se você fosse conhecido como um dançarino ou atleta que teve muito sucesso e reconhecimento pela sua capacidade física, mas agora não está mais em seu auge e não pode mais competir no mesmo nível, quem é você? Ainda que esteja no seu auge, o mesmo pode acontecer se você estiver competindo e se definindo pelas medalhas que ganha. Ou perde.

Uma virada interessante seria o cenário oposto: se você estivesse doente e, por causa disso, ganhasse uma atenção que de outro modo não teria. Quem seria você, se estivesse saudável novamente? É importante estar ciente disso, pois algumas pessoas sabotam inconscientemente a própria saúde para que não percam a atenção que é conferida a elas quando estão doentes.

As doenças também oferecem incríveis experiências para que enfrentemos a nós mesmos e encontremos a conexão de volta ao nosso coração, especialmente em casos que ameaçam a vida, como câncer e doenças cardíacas. De fato, qualquer deficiência física pode nos guiar de volta à nossa alma. Quando enfrentamos a possibilidade de morte, o que é importante na vida se torna muito mais óbvio. Ao longo dos anos, muitos pacientes me disseram que as doenças que ameaçavam suas vidas tinham na verdade tornado suas vidas melhores do que nunca, porque isso os ajudou a seguir por um caminho no qual eles *viviam de verdade*.

O ambiente *familiar* e de relacionamentos íntimos é uma das principais áreas para o *coaching*. Quase sempre que um cliente entra para o *coaching*, mesmo que ele comece voltado para os negócios, acabamos fazendo um *coaching* sobre relacionamentos. Os relacionamentos são muito importantes para os seres humanos. Encontramos satisfação quando nos sentimos amados e apreciados, e nos sentimos desesperados quando isso não acontece. Esse é um lugar muito bom para aprender sobre o nosso verdadeiro valor, independentemente do que está acontecendo do lado de fora.

Quem é você, por exemplo, se pensou que era um cônjuge ou um membro da família, mas de repente seu parceiro anuncia que quer o divórcio? Quem é você, se é um pai cujos filhos estão saindo de casa para a faculdade? Ou se um deles morre? Você ainda é digno do seu amor?

Quanto mais pessoas em uma unidade familiar, mais oportunidades para aprender sobre o verdadeiro amor incondicional. Essa é a beleza de ter relacionamentos. Cada um deles pode nos ensinar sobre uma parte de nós que não amamos, se começamos a prestar atenção quando ela é desafiada. Muitas vezes, o sentimento de segurança e amor que queremos criar através de nossos relacionamentos próximos é desafiado e nos guia de volta à nossa alma para experimentar esses estados. Somente quando estamos conectados com a alma através do nosso coração experimentamos o amor, a segurança e a paz interior. Mesmo que alguém seja extremamente amoroso com você, se você não estiver conectado ao seu coração, não será capaz de experimentar o amor.

As relações familiares são formas naturais de aprender sobre o amor. Aconteça o que acontecer, nossos pais e irmãos sempre continuarão sendo nossa família. Os relacionamentos amorosos, por outro lado, são mais desafiadores. Como nosso cônjuge não é parente de sangue, é muito mais fácil ir embora do que encontrar nossa verdade. Os relacionamentos podem ser muito úteis como um caminho para a iluminação, porque aprendemos o amor incondicional, que nos conecta com a nossa alma. Para que nos sintamos satisfeitos com os relacionamentos, precisamos aprender a diferenciar necessidade, paixão e amor.

No caso de um relacionamento amoroso, precisamos descobrir em primeiro lugar por que ficamos com essa pessoa. Estávamos agindo em um gesto de amor por nós mesmos, ou por causa da necessidade de segurança ou da ideia de não merecer alguém mais em sintonia com o nosso coração? E, se você está interessado no autodomínio, quando não gostar de algo em alguém, se dedicará a explorar como compartilha dessa mesma característica. Quando enfrentamos e aceitamos nossos lados de luz e escuridão na reflexão fornecida pelos relacionamentos, aprendemos a amar a nós mesmos.

Escrever sobre o ambiente *espiritual* é um pouco mais complexo, porque cada leitor tem uma maneira diferente de descrever a espiritualidade, e eu respeito isso. Para mim, a espiritualidade é o processo de conectar-se com a alma, que é o amor, e agir sob sua orientação. E, essencialmente, nossa alma está mais diretamente alinhada com Deus. Quando estamos conectados com ela, sentimos amor e gratidão por nós mesmos, pelos outros e por tudo o que existe. A espiritualidade é o que acontece quando nos conectamos com o *espírito*, e obtemos acesso à sabedoria e ao amor.

A religião pode ser um caminho para a espiritualidade, mas não é via de regra. Algumas religiões levam seus seguidores para longe do coração/alma, em dogmas que resultam em julgamento e guerras, em vez de gratidão e amor. Mesmo dentro de determinada religião, você terá diferenças de crenças de acordo com a sua igreja, mesquita ou templo em particular.

Por exemplo, um dos meus alunos, que cresceu com educação cristã, acreditava que sua mãe era má por causa do que ela tinha aprendido na igreja dela. Ela, no entanto, queria se livrar do julgamento para sentir amor. Em algumas igrejas, o demônio é muito real. Se você pertence a essas comunidades religiosas, acaba tendo que acreditar nele, porque, caso contrário, "o demônio está agindo através de você, tentando fazê-lo acreditar que não existe demônio".

Eu, por outro lado, cresci em Quebec, onde cerca de 90% da população era católica naquela época. Participei de missas durante muitos anos quando era mais nova, e quase nunca ouvi falar sobre o demônio, embora os meus pais tivessem ouvido. Apesar de tanto cristãos como católicos crerem em Cristo como um salvador, ainda existem algumas grandes diferenças entre as crenças.

Todos nós podemos aprender lições testando nossas crenças religiosas. Podemos aprender a confiar em nosso coração acima dos dogmas que nos foram passados, dependendo de onde acabamos nascendo. Quando me mudei da minha pequena cidade católica para Toronto, que é uma cidade multicultural, fiquei realmente impressionada. Tive um grande *momento Eureka!* quando percebi que, se eu tivesse nascido em Israel, talvez tivesse crenças judaicas; se tivesse nascido anglo-canadense, minhas crenças talvez fossem protestantes; se tivesse nascido na Ásia, talvez praticasse o budismo etc. Ficou muito claro para mim que as religiões eram subprodutos culturais, que poderiam ou não nos guiar de volta a Deus, e que dentro de cada religião existiam líderes que eram mais ou menos iluminados, e portanto poderiam ajudar ou atrapalhar nossa espiritualidade.

As crises de identidade podem ocorrer quando desafiamos nossas crenças religiosas, especialmente quando a espiritualidade é um elo forte em comum dentro de uma família, uma cultura ou uma sociedade.

Seu espelho do *ambiente* seria desafiado se, por exemplo, estivesse prestes a perder sua casa devido à falência, um incêndio ou a mudança para outra cidade. Se você se definisse pela sua casa, suas posses ou o bairro em que mora, uma falência poderia ser bem traumática. Além das aparências, existem todas as memórias ligadas ao lugar, e isso pode ser difícil tanto para crianças quanto para adultos. Quem é você, se não tem seu ambiente para definir quem você é?

O espelho do *conhecimento* pode ser desafiado se você fracassar nas provas ou tarefas importantes do trabalho. Isso pode ser devastador se você geralmente é reconhecido por sua alta capacidade intelectual, ou se é tachado como alguém não muito brilhante. Você também pode perder o acesso ao seu conhecimento no caso de uma doença, um acidente, ou devido à idade avançada. Se tinha orgulho de ser autossuficiente e capaz, mas de repente precisou depender de outras pessoas para fazer tarefas simples, isso pode criar uma crise de identidade.

Como você pode ver, todas as áreas da nossa vida fornecem uma oportunidade para desfazer a ilusão de que somos apenas nossas qualidades ou características exteriores. À medida que usamos mais sabiamente todas as áreas da vida, vivendo cada vez mais a partir do nosso coração, conseguimos afastar o apego que temos a elas, e alcançamos a liberdade de nos expressar por meio delas, em vez de tentar sê-las.

Exercício

Pergunte a si mesmo:

Em quais áreas da sua vida você está colocando mais energia agora?

Quais são as áreas mais importantes para você?

Você está gastando seu tempo com o que mais importa para você?

Espelho, espelho meu, existe alguém mais belo do que eu?

Quatro

Os Oito Espelhos do Self *também representam as áreas da vida em que você pode tirar "fotos" do seu progresso em direção à manifestação de uma vida plena.* À medida que começamos a nos tornar mais conscientes, conforme despertamos espiritualmente, percebemos que até aquele momento estávamos deixando que a vida nos controlasse, em vez de alinhá-la com nossa inspiração. Usando os princípios feminino (ouvir o coração) e masculino (agir em direção ao que está alinhado com o nosso coração) em cada espelho/ambiente, criamos uma vida que aos poucos, mas certamente, vai se tornando cada vez mais satisfatória.

Os ambientes à nossa volta nos refletem, mas também podemos nos influenciar ao manipular nossos ambientes. Isso tem um impacto especialmente quando fazemos mudanças que nos inspiram e sensibilizam. Se você não se conectar a algo/alguém que entra em seu ambiente, mais cedo ou mais tarde acabará voltando ao seu estado anterior. Como exemplo disso, quase um terço dos ganhadores da loteria vão à falência em poucos anos.

Gostaria de usar este capítulo para explorar novamente cada ambiente com você, mas dessa vez com o objetivo de ajudá-lo a se questionar sobre o que eles refletem sobre você.

O espelho ou ambiente do *conhecimento* reflete todas as informações que acumulamos durante a vida. Como o dia tem apenas 24 horas e há muitas informações para absorver, é prudente descobrir que tipo de conhecimento e experiências você quer agregar à sua vida. A internet e as centenas de canais de TV nos expõem a uma quantidade interminável de informações. Se você ainda contar com a mídia impressa, além de todas as correspondências que recebemos todos os dias, o conhecimento está sobrecarregando milhões de pessoas: o tempo se tornou um dos bens mais preciosos da vida moderna.

Pense em todos os livros, revistas e artigos da internet que você já leu: eles trazem inspiração ou simplesmente fazem com que você perca tempo de uma forma não satisfatória? Você está lendo fofocas sobre a vida de outras pessoas em vez de viver a sua vida plenamente? Até que ponto os programas de TV e filmes aos quais você assiste criam um ambiente que reforça seus maiores valores? Talvez você já queira aprender a falar espanhol há alguns anos. Ou talvez tenha sempre sonhado em aprender dança flamenca. Mas, em vez disso, passa tempo demais assistindo a TV. Talvez você queira viajar para países estrangeiros, para que possa expandir a sua experiência do mundo. A música é uma parte importante da vida de muitas pessoas. Quando você ouve música, será que ouve aquelas que tocam seu coração? Preste atenção nas letras das músicas que você ouve regularmente. Elas o inspiram, ou criam tristeza, raiva e culpa? Elas falam sobre paixões ou sobre o amor?

Quanto mais você se amar, mais fará tudo que estiver ao seu alcance para organizar seu tempo e adquirir um conhecimento que crie um ambiente inspirador para você.

Analisando o ambiente do conhecimento, você tem usado os seus talentos em seu potencial máximo? Uma da minhas pacientes era completamente inspiradora. Da primeira vez que nos encontramos, ela tinha vindo me ver porque se machucou puxando peso na ACM. Nada de muito incomum até então, exceto pelo fato de ela ter 79 anos. Então, voltou aos 81, porque machucou o tornozelo fazendo esqui *cross-country*. Ela foi uma grande inspiração para mim, porque continuou crescendo. Foi professora de violoncelo na universidade e tinha a mente aberta. Estava rodeada de mentes jovens que a estimulavam e a mantinham jovem. Tinha o seu próprio jardim, e aprendeu sobre alimentos orgânicos. Existem alguns traços em comum nas pessoas que vivem uma vida longa e saudável: elas se sentem gratas frequentemente e possuem uma mente curiosa.

Nossos pensamentos têm impacto sobre nossas emoções e fisiologia, e consequentemente sobre nossa saúde. Encha sua mente de conhecimentos inspiradores. Qualquer coisa na qual você passe tempo pensando ou que você passe tempo sentindo tem impacto sobre a sua energia e atrai coisas que você quer ou não. É importante que você tenha consciência dos seus pensamentos se estiver interessado em ser um criador consciente.

Isso é algo que você pode querer praticar. Verifique os seus pensamentos e crenças regularmente durante o dia e pergunte a si mesmo: "Eu quero que este pensamento se manifeste agora?".

O espelho/ambiente da *carreira* é uma das áreas mais complexas, assim como a financeira e a familiar. O que essa área reflete sobre você? Ela está inspirada ou desesperada? Você está fazendo o que ama? Ou você está fazendo aquilo que *precisa fazer* para viver? Podemos não arriscar e fazer apenas o mínimo para sobreviver em qualquer área de nossas vidas. Podemos ter um emprego apenas para pagar as contas, ou podemos arranjar um emprego que use ao máximo as nossas habilidades, em que sentimos que estamos crescendo e desabrochando no nosso maior potencial. Quando fazemos aquilo que amamos, temos muito mais energia, e as pessoas percebem isso. Como resultado, você consegue oportunidades que não seriam dadas a uma pessoa que está simplesmente empurrando o serviço com a barriga.

Vamos imaginar que você não gosta do seu trabalho. É seu aniversário, e os seus amigos o convidam para sair e comemorar. Você bebe um pouco demais e vai para a cama às duas da manhã. Quando o despertador toca às 6h30 para que você vá trabalhar, você se sente tão mal que liga para dizer que está doente. Agora, vamos imaginar que, em vez de ir para o trabalho, você ia viajar para algum lugar que sempre sonhou visitar. Em vez de levantar às 6h30, você precisa levantar às 5h30 para pegar o voo. Quanto você quer apostar que estaria no aeroporto na hora certa?

Qual é a diferença? Quando você faz o que ama, isso lhe dá energia e vitalidade em qualquer área da sua vida. Já que você vai trabalhar em média 40 horas por semana, 49 semanas por ano, aproximadamente 45 anos da sua vida, você passará um total de 88.200 horas da sua vida trabalhando. Por isso, é bem importante que você preste atenção ao ambiente da carreira, já que ele pode ter um impacto enorme na sua vitalidade. Estudos apontam que mais pessoas morrem na segunda-feira do que em qualquer outro dia da semana. Tenho certeza de que isso não aconteceria se o trabalho fosse inspirador, o que sugere que muitas pessoas não se sentem inspiradas pelos seus trabalhos.

Amar algo, ou se sentir inspirado por algo, não significa que há apenas aspectos positivos nisso. Significa que esse algo é importante o suficiente para que você esteja disposto a fazer o que for preciso para mantê-lo inspirador. Por exemplo, se você é um cantor inspirado em ter uma carreira de sucesso, precisa encarar seu medo da rejeição e de não conseguir se manter com a sua carreira. Provavelmente vai precisar começar a trabalhar com alguma coisa de que não gosta muito até ter estabilidade financeira. Serão longas horas sem ser bem pago, mas você vai fazer isso, porque cantar faz com que você se sinta inspirado.

Se utilizarmos o *yin-yang*, o prazer e a dor sempre serão equilibrados e opostos. Ninguém sente mais prazer do que dor, e vice-versa. Quanto mais alto você chega em uma carreira, com mais responsabilidades tem que lidar. Sim, você pode ganhar mais dinheiro conforme sobe mais degraus, mas é muito provável que tenha mais responsabilidades e precise de mais sabedoria.

Amar a si mesmo significa querer ser o melhor que você pode ser. Para isso, precisamos estar prontos para fazer mudanças em nossas vidas. No entanto, tive clientes que estavam muito estressados, porque sentiam que *deveriam* estar pedindo demissão, mas não estavam prontos financeiramente; eles estavam tentando forçar uma coisa que não poderia ser forçada. Tinham assistido a um programa de TV ou lido um livro como este quando decidiram seguir seus corações, mas estavam cheios de medos. O medo é um grande repelente, e não conducente à criação. Quando partimos do amor, é muito mais fácil criar.

Meus clientes que fazem transições bem-sucedidas geralmente costroem uma ponte financeira e ganham mais segurança aprendendo o máximo que podem sobre a indústria na qual estão interessados. Então, quando se sentem prontos, simplesmente vão em frente. Algumas pessoas simplesmente *fecham os olhos e pulam de cabeça em algo*. Se o *timing* estiver certo, isso vai funcionar. Se alguém estiver se forçando a fazer algo simplesmente porque acha que é assim que uma pessoa bem-sucedida/corajosa/evoluída deve agir, vai enfrentar grandes desafios.

O mesmo pode ser dito sobre relacionamentos, peso, finanças e quaisquer outras questões. Nosso coração sabe aonde estamos indo, mas precisamos de tempo para incorporar isso. Nossa cabeça pode nos convencer a seguir ou não o coração, por causa das emoções que estamos sentindo. Podemos até saber que seguir nosso coração é uma boa ideia, mas, se tivermos conflitos internos com relação a isso, criaremos medos que farão com que ele se feche, sendo muito mais difícil acessá-lo.

Uma carreira diz muito sobre uma pessoa. Ela é um espelho enorme, já que a forma como você se sente e pensa sobre si mesmo vai refletir nas escolhas que você faz. O mundo externo é uma reflexão do seu mundo interno. Observe e veja que tipo de pessoas e situações você atrai. Você é dono do próprio negócio ou trabalha para alguém? Que tipo de clientes e chefes você teve? Se você trabalha para uma empresa, ela está em ascensão ou no fundo do poço? Em que segmento ela atua e que tipo de dinheiro você controla? Todos esses fatores serão espelhos da sua situação interna.

Quanto mais a sua mente estiver alinhada com o seu coração (porque você dedicou algum tempo a eliminar cargas emocionais que estavam impedindo que você estivesse presente), mais inspirador qualquer ambiente será. Por quê? Para ser congruente, você precisa prestar atenção aos desejos do seu coração e fazer o que for necessário para realizá-los. Ser congruente traz autoestima, e isso é o que será refletido do lado de fora. Quanto mais competentes nos sentirmos, com mais responsabilidades conseguiremos lidar e maiores serão as oportunidades apresentadas a nós. Portanto, é natural subir na carreira e encontrar cada vez mais trabalhos interessantes que estejam alinhados com nosso coração, conforme ganhamos experiência e segurança.

Embora o ambiente da carreira seja importante, ele não é nossa única razão de ser. Muitas vezes, as pessoas vêm ao meu seminário com uma declaração de missão de vida que é, na verdade, uma declaração de carreira. Nossa carreira não é a única razão pela qual estamos aqui. Não sei quanto a você, mas eu me considero sortuda por não precisar mais caçar para sobreviver. Em vez disso, vamos a um local de trabalho que troca o nosso tempo por dinheiro, que pode ser usado para obter o que julgamos necessário. Quando temos um trabalho que nos inspira, a vida é muito gratificante. A carreira é importante, porque passamos muito tempo trabalhando e dependemos dela para sobreviver, mas ela não é o centro de toda nossa vida. Se eu perguntasse o que você faria se tivesse apenas 24 horas de vida, pouquíssimas pessoas diriam que iriam trabalhar!

Quanto ao espelho das *finanças*, analise o seu quadro financeiro. Que tipo de imagem ele lhe passa? Você está em crise ou se sente em paz com a sua situação financeira? Você se sente abundante? Tem certeza de que pode conseguir qualquer coisa de que precisar? Sente que nunca terá o suficiente? Está endividado? Ou está nadando em dinheiro, mas não está aproveitando a vida?

Algumas pessoas tendem a gastar demais para provar seu valor. Elas agem a partir do medo de que não sejam boas o suficiente e precisam gastar além do que podem para compensar. Elas precisam usar as marcas mais caras para provar que são alguém, mesmo que não tenham recursos financeiros para isso. Também há casos de pessoas que gastam demais porque cresceram ganhando tudo o que queriam e, portanto, não dão valor ao dinheiro.

Algumas pessoas *economizam demais* porque têm medo de que não tenham o suficiente. Isso acontece também porque elas não se sentem merecedoras, ou porque tiveram uma experiência em que faltava dinheiro, ou talvez tivessem pais que viveram uma crise econômica ou guerra, e herdaram seus medos. Isso torna muito mais difícil viver uma vida abundante.

Conforme seguimos no jogo da realização pessoal por meio das finanças, aprendemos a arte de *manifestar* em todas as áreas da nossa vida. Trata-se de um jogo de refinamento em que aprendemos a estar em sintonia. Quando partimos de um princípio de amor por nós mesmos, a reflexão nos espelhos é poderosa. Quando não, nossas criações nos orientam a aprender mais sobre o amor-próprio. Quando amamos quem somos, não precisamos gastar demais – ou de menos – para aprender a lição do nosso próprio valor.

O dinheiro é um jeito fácil de colocar um preço no nosso senso de valor próprio. Mesmo se você olhar para o Dalai Lama ou para a Madre Teresa, que fizeram votos de pobreza, eles geralmente conseguiam o que queriam para as despesas de subsistência, para viagens ou para o financiamento de uma causa que era importante para seus corações. Dinheiro, como todo o resto, é apenas energia, e energia nunca pode ser destruída ou criada; apenas muda de forma. A energia que geramos dentro de nós mesmos quando temos boa autoestima será refletida na nossa capacidade de manifestá-la em qualquer área da nossa vida. Temos uma boa autoestima quando estamos ligados ao nosso coração, que nos conecta à nossa alma, que é infinita e imortal. Quanto mais conectados estamos, mais poderosos somos quando estamos criando aquilo que amamos.

Quando eu trabalho com clientes que enfrentam desafios financeiros, sempre procuro o que bloqueia seu senso de valor próprio. Você não precisa ser um indigente, mas pode ser que se sinta incapaz ou indigno de atingir seus objetivos financeiros.

Esse foi o caso de um cliente. Depois de trabalhar com ele, descobrimos que, na sua cabeça, ele não era congruente com a noção de merecer riqueza por causa de um incidente que ocorreu quando ele tinha doze anos. Ele se lembrou de estar empurrando a cadeira de rodas da sua irmã, que é deficiente física e mental. Naquele dia, ele não estava prestando atenção, e ela acabou caindo da escadas em sua cadeira de rodas. Como resultado, ela se machucou e quebrou alguns dentes. O dentista não conseguiu colocar uma agulha em sua boca, e meu cliente tinha uma memória muito viva de vê-la gritar enquanto o dentista arrancava seus dentes quebrados sem anestesia. Esse momento ficou marcado em sua memória e, durante todo esse tempo, fez com que ele se sentisse uma pessoa ruim. Ele não se sentia digno de abundância em muitas áreas da sua vida, incluindo a financeira. Muitos incidentes nos ajudam a criar a sensação de falta de merecimento, mas esse foi certamente muito marcante para ele. Se você olhasse para ele, pensaria que esse homem tinha uma boa vida financeira, mas, se conversasse com ele, perceberia que ele estava aquém dos seus desejos.

Isso é importante. Não é a quantidade de dinheiro que você tem que importa, mas como você se sente sobre sua riqueza. Se você tem essa capacidade de criar mais, mas nada está acontecendo, há alguma coisa servindo de bloqueio. Ou isso não é um desejo verdadeiro do seu coração, ou você conseguiu diminuir o seu valor próprio de alguma forma. Você será incapaz de alcançar mais do que o valor que parecer certo ao seu emocional/mente/corpo, onde a ideia de valor reside. Quando estamos conectados com a nossa alma através do nosso coração, o valor próprio é uma ilusão; somos todos infinitamente dignos de amor e do que desejamos.

Para algumas pessoas, se elas são verdadeiras consigo mesmas, R$ 50 mil por ano é o certo; para outras, R$ 500 mil é o número certo. Todo mundo é diferente. Não existe certo ou errado. O que importa é viver de acordo com o coração. Uma vida de sucesso não é medida pela quantidade de filhos, de dinheiro, pelo estado civil ou pelo tipo de trabalho que uma pessoa tem, mas por quanto isso está alinhado aos desejos do seu coração. Nada fora de nós mesmos pode determinar o sucesso. É como nos sentimos no interior que determina o nosso sucesso.

Se os indicadores de sucesso convencionais representassem o verdadeiro sucesso, muitas das estrelas de cinema e do rock não estariam em grandes crises. Eles têm fama, riqueza, milhões de fãs, beleza, e ainda assim acabam se metendo em confusão. Obviamente, algo está faltando, e muito provavelmente é uma conexão com seu coração. Quando estamos conectados, nos sentimos dignos e merecedores de algo que desejamos e que é importante para nosso coração.

Os *relacionamentos íntimos e familiares* também são boas áreas para conseguir uma imagem do espelho de nós mesmos, porque passamos muito tempo lá. Qualquer ambiente ao qual prestemos muita atenção será um ambiente no qual aprendemos muitas lições e temos mais chances de crescer. Gosto da analogia da atenção como a água de um regador. A parte do jardim que regamos cresce. Se você regar pouco, algumas plantas vão secar e morrer. As mais resistentes sobrevivem, e através da experiência descobrimos quais elas são. Geralmente regamos mais tudo que sentimos que é mais importante, até que percebemos que as áreas que temos negligenciado poderiam ter mais valor do que pensávamos.

Medir quanta energia dedicar a cada área de nossa vida nos ensina a diferença entre paixão e amor. Se você dá muita atenção a uma área porque isso é bom aos seus sentidos ou suas emoções, aprende rapidamente o que é importante e o que não é. Por exemplo, se você está ocupado, dedicando muita energia/atenção à carreira ou a ganhar dinheiro, mas negligencia a sua saúde física, pode acabar com um desafio de saúde. Um homem me disse que, *de repente*, sua esposa o deixou, e ele não esperava por isso. Ele estava tão ocupado trabalhando, tentando provar seu valor como homem, como bom provedor, e fazendo o que ele acreditava ser sua obrigação, que tinha esquecido que sua esposa estava casada com ele porque queria ter um relacionamento com ele.

Muitas mulheres se queixam que seu marido não passa tempo suficiente se conectando emocional e espiritualmente, e que isso as faz sentir um vazio. Isso acontece particularmente quando um bebê nasce. Lembre-se do símbolo do *yin-yang*: se a mãe se dedica demais à maternidade, isso força o homem a se dedicar demais à paternidade, trabalhando em excesso e, portanto, tendo menos energia

CONVERSANDO COM O CORAÇÃO

para a casa. Muitas mulheres já vieram até mim bastante chateadas, porque sentiam que seu marido não as apoiava emocionalmente quando elas mais precisavam dele. Se uma mulher quer que seu marido seja mais presente emocionalmente, ela precisa equilibrar o exercício da maternidade e se certificar de que esteja cuidando de si mesma também. Caso contrário, ela vai procurar a atenção do marido, e ele não vai conseguir oferecer, porque está ocupado demais com o trabalho. Ela não vai se sentir amada, e isso vai criar uma crise no relacionamento.

Por outro lado, muitos homens sentem que suas esposas concentram tanto tempo e energia em seus filhos que acabam não tendo energia para sua relação. O romance e o sexo, que uma vez existiram, morreram. Muitas vezes, isso leva os homens – que precisam de um reforço do seu valor vindo de fora – a ter relacionamentos extraconjugais, pois querem se sentir sensuais, necessários e desejados novamente. Quando a esposa descobre, fica bastante ressentida, pois acha que, enquanto estava em casa fazendo todo o trabalho, seu marido estava se divertindo lá fora.

Por meio dessas experiências, aprendemos lições sobre paixão (o que achamos que é amor) e amor (o que nosso coração realmente deseja), e quanto tempo estamos dispostos a gastar em diferentes áreas da nossa vida *regando o jardim*. Se, por receio de faltar dinheiro, precisar competir com os outros ou perder o emprego, passamos tempo demais no trabalho, ou se, por confundir superproteção com amor, passamos tempo demais com nossos filhos, criamos lições para nós mesmos em outras áreas da vida.

O que pensamos que é importante aos vinte anos, muitas vezes, acaba sendo uma parte bem pequena do que sabemos que realmente importa mais tarde na vida. Quanto mais evoluímos com as experiências, mais esclarecidos nos tornamos sobre o que é importante para o nosso coração. Depois que muitas pessoas que amamos morrem, e depois que paramos de nos sentir invencíveis porque fomos humilhados algumas vezes, torna-se mais fácil ouvir a sabedoria. Passamos a dedicar mais tempo a descobrir o que é importante para nós e usamos a nossa energia mais sabiamente. Não saímos simplesmente regando qualquer coisa que esteja em nosso jardim. Começamos a dominar nosso destino, ouvindo sabiamente e prestando atenção ao que mais importa para nós. Pode levar mais tempo para alcançar alguns objetivos, mas experimentamos mais paz interior.

As pessoas na nossa vida refletem quem somos. Isso inclui as partes das quais não gostamos, ou as que *renegamos*, bem como as coisas das quais gostamos em nós mesmos. O que não queremos ver em nós mesmos aciona nossos botões (nos levando a reagir, muitas vezes, com raiva ou hipocrisia), e tendemos a querer ficar longe dessas pessoas e emoções. Ao mesmo tempo, nos cercamos pelas coisas que apreciamos em nós mesmos.

As pessoas em nossa vida também têm uma conexão com nossos valores. Se os seus valores apoiam os nossos, tendemos a gostar delas e querer estar com elas. Se os seus valores desafiam os nossos, tendemos a manter uma distância. Por exemplo, se a sua tia gosta de ouvir música clássica e você gosta de ouvir sertanejo, seria desafiador passar algum tempo juntos se ambos quisessem ouvir música. Vocês precisariam entrar em um acordo em nome do amor de um pelo outro. Se você é liberal e seu vizinho é conservador, é mais difícil que vocês se deem bem se decidirem discutir política. Se o seu pai tem crenças religiosas muito fundamentalistas, e você está mais ligado à espiritualidade, como encontrar uma base comum de respeito?

Nossos relacionamentos íntimos espelham a relação que temos com nós mesmos. Quanto mais íntimos somos de nós mesmos e mais amor-próprio temos, mais podemos ser íntimos. Somos capazes de nos conectar com o coração dos nossos entes queridos. No caso

Conversando com o coração

de relacionamentos amorosos, geralmente voltamos a encarar quem somos depois de aproximadamente três anos. O auge da paixão se foi. Qualquer tentativa de encobrir o nosso sentimento de falta de merecimento tendo alguém que nos ama parou de funcionar.

O jogo dos relacionamentos, em geral, também é muito bem projetado para nos ajudar a desapegar da necessidade de estar certo ou ser melhor, consequentes da baixa autoestima. Quando nos amamos, não precisamos provar nada. Aprender a escolher nosso coração ao nosso ego é um grande desafio. Quantos de nós usamos o ego para dizer que jamais seríamos como os nossos pais? Juramos que seremos *melhores* do que eles, porque éramos infelizes na infância/adolescência. Nós os culpamos pelo que aconteceu conosco, mas depois descobrimos que, apesar de termos dado tudo aos nossos filhos, eles também não são mais felizes do que nós éramos! Que ótima maneira de desfazer a ilusão de que nossos pais devem ser a fonte da nossa satisfação e que, se não nos sentimos plenos, a culpa foi toda deles.

O jogo é muito bem construído dessa forma, porque nascemos como criaturas dependentes que precisam de nossos pais para sobreviver. Estaremos condenados à morte se nossos pais não nos alimentarem, trocarem nossas fraldas, e nos manterem aquecidos e longe do perigo. Nascemos dentro da experiência ideal para nos fazer acreditar que a nossa felicidade virá de entes queridos. Que ilusão boa!

Acho razoavelmente fácil ter sucesso em uma área principal da vida como a de relacionamentos ou carreira. Podemos facilmente compensar e dedicar a maior parte de nossa energia a ela. Mas, para ter sucesso em duas áreas da vida ao mesmo tempo, você não pode compensar a baixa autoestima tão facilmente nem trapacear; a verdade sobre a sua solidez vem à tona. Qualquer ilusão de não ser merecedor brota, oferecendo uma grande oportunidade para *coaching* e crescimento.

Tenho certeza de que você consegue pensar em inúmeras maneiras pelas quais o amor incondicional é testado diariamente em todos os seus relacionamentos. É por isso que o Jogo da Criação nessa área é uma grande oportunidade para crescimento e iluminação, já que ele exige que abracemos nossos lados de luz e escuridão, e que aprendamos a diferença entre gostar e amar. É isso que faz com que valha a pena participar desse grande jogo. Você pode amar uma pessoa mesmo que não goste de algumas características dela? Pode amar as pessoas em sua vida mesmo que elas não tenham os mesmos valores que você? A recompensa é a satisfação que vem com a conexão com o coração, e isso é um grande prêmio em si que vale o trabalho.

O casamento é um jogo muito desafiador, porque, quando conhecemos alguém, geralmente estamos na fase adormecida espiritualmente de nossa vida. Não estamos conscientes de nós mesmos e estamos reagindo às experiências, em vez de criá-las. Nem sabemos quem realmente somos – como vamos saber quem é a melhor pessoa para nós? Casamos por uma série de razões. Fazemos isso porque nossos amigos estão se casando, sentimos a pressão de nossos próprios pais, nosso relógio está correndo, não queremos ficar sozinhos, ou queremos ter um motivo para deixar os nossos pais. Encontramos alguém que acontece de estar no lugar certo na hora certa, e casamos sem saber coisa alguma sobre o amor. Alguns desses relacionamentos duram, já que vão evoluir e crescer com amor, enquanto outros casais enfrentam, ou não conseguem enfrentar, a realidade desafiadora de que eles não eram certos um para o outro.

Onde você sente que está com os seus relacionamentos? Quão grato você é pelas pessoas na sua vida? Pela sua família de origem? Pela sua nova família? Vocês têm uma conexão sincera? Você está com o seu companheiro por amor ou por medo?

Um jovem veio me ver porque queria saber se deveria se casar. Ele amava a mulher com quem estava, mas não se sentia pronto para casar imediatamente. Quando perguntei a ele por que achava que deveria se casar imediatamente, ele disse que o irmão e a irmã da namorada se casaram com seus respectivos parceiros quando completaram três anos de namoro. Como ele e a namorada tinham alcançado esse marco, sentiu que esperavam isso dele e que ele tinha que decidir por causa disso. Ele estava tentando forçar algo que ainda não estava pronto para fazer, criando nele todos os tipos de ansiedade. A pressão e a ansiedade o estavam afastando de seu coração e gerando dúvidas em sua mente se ela era ou não a pessoa certa.

Você está vivendo de acordo com os seus valores ou com os valores de seus pais e amigos?

O ambiente da *beleza e saúde física* possui outro espelho interessante ligado ao nosso senso de valor próprio. Quão bem você cuida do seu corpo? Você o trata com respeito e quer o melhor para ele? Você se esforça para alimentá-lo com os alimentos mais nutritivos, ou simplesmente pega o que aparece na sua frente ou o que é agradável ao seu paladar? Você arranja tempo para se exercitar? Tem dedicado algum tempo a aprender formas naturais de aproveitar o melhor da sua fisiologia (comer bem, exercitar-se, descansar, inspiração para sua vida) ou está esperando uma crise acontecer antes de prestar atenção às necessidades do seu corpo? Se você não estiver muito disposto a se cuidar por conta própria, pode ser sensato criar um grupo de pessoas de confiança e que você respeite para guiá-lo, fornecendo as informações necessárias para aumentar a sua energia e melhorar a sua saúde.

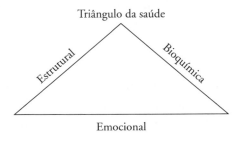

Se você começar com a premissa de que o estado natural do ser humano é ser saudável, e que só pegamos doenças quando há bloqueios à saúde, só precisamos investigar e encontrar os possíveis bloqueios em nosso caminho. Este triângulo representa as três principais áreas que podem apoiar ou desafiar sua saúde: *estrutural, bioquímica e emocional.*

Sua *estrutura* está intimamente relacionada aos seus genes. Ela determina se você tem cabelo loiro ou castanho, olhos azuis ou castanhos, a sua altura etc. Algumas pessoas nascem com um corpo muito forte; elas podem esperar uma vida muito longa se não sofrerem acidentes. As células do nosso corpo só podem se regenerar até determinado número de vezes, e então, depois que esse número é atingido, ele para. Todos envelhecemos, e um dia nossa forma física morre. No entanto, você pode causar um impacto na sua estrutura através do exercício físico (ou a falta dele), da sua postura, e de profissionais de saúde holística como quiropráticos, massoterapeutas ou acupunturistas, que trabalham em seu sistema musculoesquelético antes de você se sentir mal.

Sua estrutura e sua saúde também são impactadas pela parte *bioquímica* do triângulo da saúde. Ela é composta por tudo o que você pode colocar em seu corpo, quer se trate de alimentos, bebidas, suplementos, medicamentos, vacinas, ervas, cremes corporais, sabonetes ou remédios homeopáticos. Tudo o que colocamos em nossa boca tem um impacto na nossa bioquímica, quer se trate de cenouras ou bolo de cenoura. Quanto mais nos esforçamos para sustentar o corpo dando a ele alimentos e nutrientes saudáveis, menos estresse ele sofre.

As *emoções* têm um grande impacto na nossa saúde. Nossos pensamentos podem criar reações emocionais capazes de melhorar ou piorar a nossa saúde. Quando as pessoas se sentem inspiradas, elas têm mais vitalidade. Quando elas não têm esperança, quando acreditam que algo nunca poderá ser da maneira que gostariam que fosse, elas têm menos vitalidade.

Já que cada pensamento e emoção que temos cria uma resposta fisiológica, longos períodos de estresse emocional como medo, preocupação, desesperança, raiva e tristeza produzem seus efeitos no corpo. Por exemplo, o cortisol é um hormônio secretado como uma reação ao estresse, que envelhece o corpo mais rápido, enquanto o DHEA é um hormônio antienvelhecimento, secretado quando experimentamos a gratidão. O amor cura o corpo; a gratidão cura o corpo. Você já reparou nos casais jovens que acabaram de se apaixonar? Eles parecem mais radiantes, sua pele tem uma aparência melhor e mais jovem, seus olhos brilham e eles têm muito mais vitalidade.

Se você quer melhorar sua saúde física, passe algum tempo otimizando cada lado do triângulo da saúde. Cada área da nossa vida tem o potencial de apoiar ou desafiar o Jogo da Criação no geral. Quando nos sentimos bem com o nosso corpo, é muito mais fácil se conectar com o coração. Quando você olha para seu próprio ambiente de beleza e saúde física, quão bem você sente que vem cuidando dele?

O ambiente da *espiritualidade* é complicado de discutir, porque existem diversas crenças pessoais que entram em jogo aqui. Muitos de nós acabam acreditando na religião na qual fomos criados. Por muito tempo, eu não questionei a espiritualidade; apenas seguia o que meus pais me diziam para fazer. Mas não estava satisfeita com o que fazia. Sentia-me vazia e tentava, com todas as minhas forças, me conectar com Deus da maneira que me ensinaram. Por um tempo, me senti desanimada e pensei que, se a espiritualidade era o que eu tinha aprendido, então Deus não existia. Não conseguia sentir Deus nos rituais que repetíamos várias vezes sem uma compreensão real.

No entanto, você pode ser capaz de se sentir conectado com Deus através da religião e do ambiente de *espiritualidade* no qual foi criado. Talvez haja uma religião que lhe agrade, mas você sinta medo de questionar suas crenças, porque a sua família pode ficar chateada com isso. O seu cônjuge pode ter uma base religiosa diferente da sua. Ela se encaixa melhor nas suas crenças? Tirando uma foto do ambiente da espiritualidade, você se sente inspirado e conectado a Deus, ou está apenas seguindo os passos da sua cultura/ família?

Por último, mas não menos importante, vamos olhar para o espelho do *ambiente*, que inclui tudo que o rodeia fisicamente: sua casa, carro, roupas etc. Quando você olha para eles, que imagem eles projetam? Você se dedica a descobrir quais roupas lhe caem bem, para valorizar o seu corpo e destacar os seus melhores atributos? Não precisa gastar rios de dinheiro para se apresentar da melhor forma possível. Dedicar algum tempo a descobrir quais cores combinam melhor com o seu tom de pele e qual estilo destaca melhor o seu corpo são coisas que demonstram o seu amor-próprio. Quando amamos uma pessoa, prestamos atenção nela e queremos sempre o seu melhor. Quão bem você conhece seu corpo?

Você escolhe comprar roupas que adora ou que todo mundo no seu grupo usa? Nós expressamos muito pelas roupas que vestimos. Diferentes indústrias, culturas e grupos etários se vestem de formas distintas, e são reconhecidos mesmo que essas diferenças sejam sutis. Certa manhã, quando estava andando de bicicleta, vi um homem atravessando a rua e imaginei que, com certeza, ele estava na indústria do cinema, só por causa da maneira como ele estava vestido. Meu primeiro amor foi um homem da indústria do cinema, e tenho uma ideia de como eles se vestem normalmente. Como esperado, quando olhei mais de perto, vi que ele tinha uma bolsa com o nome de uma empresa de produção cinematográfica. Podemos dizer muito aos outros pela forma como nos vestimos!

Em qualquer lugar do mundo que você esteja vivendo agora, existem certos grupos que se vestem de determinadas formas, dirigem um tipo aceitável de carro, moram em um bairro em particular e em um tipo específico de casa. Geralmente, eles comem um certo tipo de comida, bebem certos tipos de bebidas e têm certos penteados. Pergunte a si mesmo: "Isso realmente está de acordo com o que eu sinto?"; "Eu me sinto feliz em ter essas coisas ao meu redor, ou eu sinto como se elas fossem um fardo?"; "Estou crescendo financeiramente, mas pagando o preço com estresse e preocupações que fazem com que eu me afaste do meu coração?"; "Estou fazendo essas coisas simplesmente para me sentir aceito?".

Há valor naturalmente no encaixe dentro das normas dos seus grupos sociais, criando um ambiente que ressoa com as pessoas importantes da sua vida. Mas há um ponto em que isso pode acontecer à custa de seus valores e do que é bom para o seu jogo da vida orientado pelo coração como um todo.

Quando se trata do seu lar, você está vivendo em um ambiente que o inspira? Ele reflete limpeza, ordem e harmonia? Reflete uma boa autoestima? Inspiração? Ou reflete caos e desespero? Quando eu era nova, meus pais eram muito pobres. Eles mesmos tiveram pais pobres, mas eram pessoas orgulhosas. Ainda que não tivéssemos muito dinheiro, as roupas que usávamos eram bonitas, o lugar em que vivíamos estava sempre limpo e bem-conservado, e nosso carro também. Lembro-me disso com muita clareza. As pessoas podem ser realmente pobres, mas ainda ter orgulho, e com esse orgulho vem a sensação de que ainda há esperança de que as coisas vão melhorar. Parece que ainda ter orgulho (não de forma egoísta, mas de uma forma amorosa) de si mesmo é uma crença de que *nós somos alguém*, que ainda temos valor. Como atraímos aquilo em que acreditamos bem no fundo, nossa vida acaba refletindo essa crença. Quando nos damos valor, acabamos atraindo mais valor.

Nosso ambiente é um reflexo de onde estamos em nosso desenvolvimento, e podemos influenciar quem somos à medida que o transformamos. Por exemplo, uma pessoa que está deprimida e vive em um apartamento de porão pequeno, escuro e cheio de mofo está agregando uma energia de desespero a uma situação que já é difícil por si só. Se você se mudar para um lugar mais claro, que tenha mais luz solar, isso naturalmente influenciará seu humor. Muitas pessoas que ficam deprimidas no inverno se beneficiam usando uma luz de espectro total durante essa época do ano. O lugar onde você mora reflete abundância? Ou você sente que ele é pequeno e pavoroso? Que tipo de energia vem do lugar onde você mora? Você mora em uma casa muito grande ou muito cara? Você é capaz de se divertir pelo resto da sua vida, ou não é capaz de se proporcionar isso?

Seu carro é outra possessão material que vai influenciá-lo. Você já reparou no que sente quando dirige seu carro com o tanque quase vazio? Esse fato muda a maneira como você se sente, não é? Se você se sente bem em seu carro, isso causa um impacto sobre você. Então, o que seu carro reflete sobre você? Que você está no controle e seguro em relação à sua vida? Ou reflete o caos?

Se você der uma boa olhada no Jogo da Criação, perceberá que é bela a forma como todas as áreas da sua vida possuem uma conexão íntima com a sua essência em qualquer dado momento. O nível de autoestima que você experimenta será refletido em todos os seus ambientes: quanto mais valor você tiver, mais harmonia sentirá em todas as áreas da sua vida.

Se voltarmos à metáfora original do jogo com o cone e os palitos, você verá que, em algumas áreas da vida, você vive mais com o coração. Em outras áreas, você vive com menos inspiração. Então, tudo bem, já que tudo faz parte do jogo, bem como da diversão que vem de nos descobrirmos e revelar a nossa essência completamente.

Exercício

Jogo da Criação

Olhe para os oito ambientes e pergunte a si mesmo: onde estou no ranking deste ambiente, dentro de uma escala de um a sete, na qual sete é quando estou mais satisfeito? Circule onde você sente que está.

Espiritual	1	2	3	4	5	6	7
Familiar	1	2	3	4	5	6	7
Conhecimento	1	2	3	4	5	6	7
Financeiro	1	2	3	4	5	6	7
Social	1	2	3	4	5	6	7
Carreira	1	2	3	4	5	6	7
Físico	1	2	3	4	5	6	7
Ambiente	1	2	3	4	5	6	7

Olhe novamente para os oito ambientes. O que você precisa fazer para sentir que está vivendo no nível superior?

Cada vez que você precisar tomar uma decisão em qualquer área da sua vida, pergunte a si mesmo: "Isto está ou não alinhado com o meu coração?". Assim, de forma lenta, mas segura, você vai viver mais perto de seus valores fundamentais e experimentar uma realização mais profunda.

Cinco
Você atrai, cria ou se transforma em tudo aquilo que você não ama

Este é um princípio/lei muito importante que foi apresentado a mim pelo meu professor, Dr. John Demartini: tudo aquilo que você não ama, tudo aquilo que você julga, você atrai, se torna ou cria. Quando não amamos, temos uma carga positiva ou negativa. Esse desequilíbrio cria padrões que nos dominam até encontrarmos o momento inicial em que armazenamos o julgamento. Nós nos desfazemos da carga quando encontramos o equilíbrio perfeito naquilo que julgamos mais mal do que bom, ou o contrário. Não estou escrevendo sobre o amor romântico aqui, mas sobre o amor espiritual, que carrega gratidão por *aquilo que é*.

Muitos dos meus clientes me disseram que gostam do símbolo do Tao porque, quando estão enfrentando um desafio, ele é um bom lembrete para olhar o quadro geral. Quando o fizer, a tempestade emocional não terá o mesmo poder de arrastá-lo para longe de seu centro. O símbolo do Tao representa o equilíbrio perfeito que existe em cada momento: o apoio e o desafio, o bom e o ruim, o prazer e a dor de uma pessoa/situação. Cada momento está em perfeito equilíbrio.

Por exemplo, se você se sentia desafiado pelo seu pai enquanto crescia, havia alguém ao seu lado por quem você estava sendo apoiado. Você também pode ver que, embora seu pai o estivesse desafiando, ele fez com que você se tornasse mais poderoso, o que lhe permitiu enfrentar muitos desafios difíceis mais tarde na vida. Então, será que esse desafio era, na verdade, sua maneira de oferecer apoio? Se você olhar para a sua vida, vai ver que, cada vez que você foi desafiado, também foi apoiado por alguém ou alguma coisa. A reação é sempre igual e oposta. O equilíbrio é mantido, mesmo na menor das ações.

Gosto de usar a seguinte história para explicar apoio e desafio: um dia, um cientista estava observando uma borboleta sair do casulo. Foi uma grande luta para a borboleta, e o cientista sentiu pena dela. Ele decidiu que, da próxima vez que observasse a transformação, iria intervir e ajudar. E assim fez. A borboleta não precisou empurrar suas asas contra o casulo, o que fez com que elas ficassem mais fracas. Ela nunca foi capaz de voar e morreu logo depois. O casulo é a proteção (apoio) e também o desafio. Sem o desafio, a borboleta fica fraca demais para voar. A vida nos envia apoio e desafios em tudo.

Mesmo se você olhar para coisas mundanas, como comer uma barra de chocolate, está sentindo o prazer de seus sentidos (apoio), ao mesmo tempo que isso desafia sua fisiologia. Se você só comer uma barra de chocolate de vez em quando, terá um desafio leve à sua fisiologia em geral (a menos que você seja alérgico ou diabético, casos em que seria muito mais desafiado e receberia apoio de diferentes maneiras). Se você come chocolate regularmente, sente mais prazer com relação aos seus sentidos, mas também muito mais desafio com relação a sua fisiologia. Você pode pegar qualquer coisa que faz e observar como existe um equilíbrio perfeito nisso.

Grande parte da nossa dor é causada pela busca de apoio sem desafio. Quando não é isso o que acontece, não nos sentimos merecedores nem amados. Acredito que *a busca do prazer sem desafio é uma das maiores fontes de sofrimento humano.* É uma expectativa infantil de como a vida "deveria ser".

Uma cliente veio até mim enquanto passava por um turbilhão emocional enorme. Ela estava se mudando com seus dois filhos, mas sem seu ex-marido para ajudá-la. Estava se sentindo sobrecarregada e com raiva, porque havia caixas em todo canto e nenhum outro adulto para ajudar. Muito chateada, ela me perguntou: "Onde está o apoio? Simplesmente não consigo ver o apoio neste momento". Era óbvio que a emoção tinha a ver com algum reflexo pavloviano de seu passado: o desafio que ela estava enfrentando era muito menor do que a força de sua reação emocional.

Quando eu a testei com o método NET, voltamos para quando ela tinha seis anos de idade, sentindo medo da escola e sem saber como lidar com isso. Ela estava zangada com a irmã de nove anos de idade, porque ela "não estava lá para cuidar dela" – assim como esperava que alguém estivesse lá para ajudá-la a guardar as caixas. Sabendo que minha cliente tinha dois filhos, perguntei a ela se o trabalho do filho mais velho era cuidar de seu irmão mais novo. Ela disse que não. Então, perguntei: "Por que você acha que era o trabalho da sua irmã cuidar de você?". Ela percebeu que essa expectativa estava vindo da mente de uma criança que não queria ser desafiada, que só queria o apoio e que ficou brava, porque não parecia justo que ela não soubesse ler tão bem quanto a sua irmã mais velha. Essa mentalidade de vítima diminuía sua autoestima e a aprisionava.

Quando perguntei à minha cliente o que ela diria à sua menininha de seis anos, da sua perspectiva de mulher mais velha e mais sábia, ela respondeu que diria a ela que: "acreditasse em si mesma, procurasse a coragem lá no fundo e aprendesse o que precisava aprender". Ela também lhe diria que não se comparasse à irmã, que já conseguia fazer a lição de casa. Acrescentei que enfrentar esse desafio construiria sua autoconfiança, porque mostraria que ela era capaz e que, embora não soubesse ler como a irmã mais velha, aprenderia, era só uma questão de tempo. Ela também precisou ver que a irmã mais velha teve diferentes tipos de desafios em suas costas: tinha que se comportar, porque era a mais velha, tinha que fazer mais tarefas, e havia mais expectativas sobre ela. Não foi mais fácil para o mais novo nem para o mais velho – foi apenas um tipo diferente de apoio e desafio, e "aquela vida era justa".

Quando estamos no meio de um desafio, muitas vezes, sentimos que ele é injusto. Mas, uma vez que sabemos que a vida é justa, mesmo quando estamos sendo desafiados, estamos mais bem equipados para enfrentá-lo. Perguntei à minha cliente se ela estava feliz em saber que o trabalho seria doloroso, e ela disse que sim, porque caso contrário seria realmente assustador. Como ela sabia o que esperar, estava pronta para ele. Acho muito útil dizer a todas as pessoas que vamos enfrentar os desafios da vida até o fim dela. Isso nos prepara para aproveitar a jornada mais facilmente em vez de nos deixar surpreendidos e deprimidos quando algo acontecer.

Quanto mais somos apoiados, mais desafiados nos tornamos, porque não desenvolvemos nossas próprias forças/asas. O apoio cria o desafio. O que é fácil para alguém que já foi desafiado é muito difícil para quem não foi. Quanto mais as crianças esperam ser apenas apoiadas, como quando eram bebês e seus pais atendiam a todos os caprichos e desejos, mais difícil é para que elas aceitem as adversidades. Elas não estão preparadas para isso, e acabam vivenciando desafios maiores. Isso as traumatiza, causando uma diminuição do seu amor-próprio e autoconfiança.

Gosto de usar a história de Warren McDonald para dar outro exemplo de como desafio e apoio trazem à tona o melhor de nós, porque acho parecida com a história da borboleta. Warren estava fazendo escaladas na Austrália. Certa noite, ele se levantou para ir ao banheiro, e uma rocha de uma tonelada caiu em suas pernas, prendendo-o por dois dias. Foi uma verdadeira tortura. Ele certamente não queria a rocha em cima dele, mas, por mais que tentasse, ela não se movia. Ele quase morreu, e acabaram tendo que amputar as suas duas pernas. O entrevistador perguntou se ele voltaria no tempo se pudesse, e Warren respondeu que não. Ele disse que tinha crescido muito, que foi capaz de inspirar os outros e que tinha aprendido o valor do tempo. Ele aprendeu que cada momento é precioso, e aproveita da melhor forma que pode cada um deles.

Tenho certeza de que muitas pessoas escolheriam não ser desafiadas como Warren, mas cada um de nós é desafiado do nosso próprio jeito. Cada um de nós tem uma aventura dessas. E, se quisermos, podemos usá-la a nosso favor. A aventura da rocha pode ser criada em casa, fora de casa ou dentro de nós mesmos. Temos a opção de ficar zangados com a rocha, ou podemos descobrir como ela está nos ajudando.

Quando não amamos (não vemos o positivo e o negativo em perfeito equilíbrio como um), ou julgamos um evento ou uma pessoa, sentimos uma carga emocional. Estamos na dualidade. Gostamos ou não deles, estamos apaixonados ou ressentidos; somos carregados positiva ou negativamente. Quando temos uma carga, não estamos equilibrados, e *sempre* conseguimos recriar a qualidade ou o evento que julgamos, para que nos ajude a aprender a amar e ver o equilíbrio perfeito. Pode ser um momento bem mágico quando entendemos isso de verdade.

Se você sentiu uma carga negativa quando reriou algo, é porque, em um nível profundo, você sabe por que a pessoa estava fazendo aquilo. Como resultado, podemos ser mais amorosos com ela, e podemos ver o amor que estava presente. Por exemplo, quando criança, meu pai impunha uma disciplina muito rígida, e eu pensava que ele não me amava por causa disso. Jurei a mim mesma que nunca seria como ele. Bem, agora uma das principais coisas que faço com meus clientes é ensiná-los a ter a disciplina necessária para realizar o que seu coração deseja. Sei que um dos meus maiores bens é a disciplina. Ela me permitiu realizar muitas coisas que eu não teria conseguido de outra forma. Também percebi que é preciso muito amor para que um pai faça algo que ele sabe que não vai agradar seu filho, mas que será bom para ele.

Quando passei a ter um pouco dessa compreensão, uma parte de mim se tornou muito mais grata ao meu pai. Isso também me permitiu sentir amor, o que aumentou minha autoestima. O mesmo acontecerá com você quando observar melhor as coisas.

O oposto também pode ser verdade. Em vez de ficar ressentido, você poderia querer copiar alguém que admirava, alguém por quem se apaixonou, em vez de amar. Passando pela experiência por si mesmo, você descobriu que não havia mais amor, mais prazer do que dor, ou mais apoio do que desafio, em ser como a pessoa com quem você queria se parecer. Tenho certeza de que você já teve a experiência de se apaixonar por uma pessoa, uma carreira, uma ideia, uma coisa, mas, depois de conviver com isso por algum tempo, acabou percebendo todas as desvantagens. É aí que temos acesso à sabedoria espiritual de que o amor tem sempre seu equilíbrio perfeito de positivo e negativo, apoio e desafio.

Quando julgamos nossos pais, existem dois tipos de cenários possíveis nos quais isso resultará:

1. Você acabou fazendo exatamente a mesma coisa da qual não gostava quando criança, na mesma área da sua vida que você julgou.

2. Você conseguiu esconder isso muito habilmente em outra área da sua vida, mas ainda está fazendo a mesma coisa pela qual culpava seus pais.

É sempre uma lição de humildade quando descobrimos que o que juramos que nunca faríamos é exatamente o que conseguimos recriar, mesmo sem ter consciência disso.

Uma das minhas clientes jurou a si mesma que não seria como a mãe: não seria desrespeitada pelo marido nem se tornaria uma vítima. Ela de fato acabou em uma relação amorosa na qual se sentia respeitada por seu parceiro. No entanto, trabalhava como advogada em uma empresa em que não se sentia respeitada como mulher. Ficou porque tinha medo de não ser capaz de encontrar trabalho em outra empresa tão prestigiosa. Mesmos resultados, área diferente da vida. A mesma razão para ficar em um relacionamento que não estava alinhado com o seu coração: o medo de não ser boa o suficiente se transferiu para a sua vida profissional.

Quando escondemos algo em outra área da nossa vida, é mais fácil ser hipócrita e apontar o dedo. No entanto, se você for honesto consigo mesmo, verá que os resultados de suas ações são os mesmos. É sempre o mesmo. Nunca tive um cliente que, ao se tornar mais humilde, não tivesse chegado à conclusão de que ele tinha, de fato, recriado a mesma coisa que tinha julgado. Talvez a forma fosse diferente, mas o resultado era o mesmo. Se você prestar atenção à energia, talvez esteja jogando em um *quantum* de maior frequência do que os seus pais, mas o efeito é o mesmo. É como um Dó em uma oitava é ainda um Dó em outra oitava, mesmo que haja uma diferença no som.

Passamos tanto tempo tentando ser ou não ser como os membros de nossa família/pessoas influentes na nossa vida que esquecemos de ser quem realmente somos.

Ter consciência desse princípio é muito importante se você estiver interessado em viver uma vida com liberdade, em sintonia com seu coração. Esse princípio lhe dá uma vantagem incrível, porque o ajuda a descobrir onde você está *reagindo* em sua vida, em vez de *agir*. Ele o ajuda a descobrir se você está ou não seguindo o seu coração. Se você prestar atenção nisso, será lançado a um novo *quantum* de liberdade.

Quando trabalho com meus clientes, grande parte da minha função é descobrir onde eles fizeram a promessa de ser ou não como alguém, em vez de se esforçarem para ser eles mesmos. Quando os ajudo a encontrar esse momento, eles se sentem muito aliviados, pois entendem por que estavam fazendo o que estavam fazendo. Era a reação deles que estava impedindo que eles se sentissem satisfeitos. Só conseguimos nos sentir satisfeitos quando vivemos pelos valores do nosso coração, não do nosso ego, de alguém, ou em reação a alguém.

Na maioria das vezes, estamos totalmente cegos para o fato de que estamos reagindo. Pensamos que estamos fazendo o que é bom para nós, mas estamos simplesmente presos ao nosso ego. Defino o ego aqui como qualquer coisa que não seja o nosso coração: emoções, pseudoperfeccionismo e "autoinferiorização" (essa foi uma palavra criada por John Demartini que sinto que expressa muito bem o que acontece quando nos colocamos para baixo).

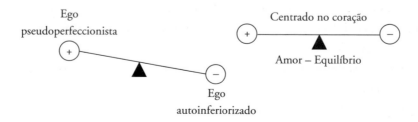

Essa figura é uma maneira diferente de expressar o *yin-yang*. Na imagem à esquerda, o equilíbrio é desafiado. A parte superior, onde o positivo está sozinho, é muitas vezes descrita como perfeição, mas não é. Entender isso é *muito* libertador. Perfeição é quando o positivo *e* o negativo estão em perfeito equilíbrio. Quando somos crianças, é muito difícil entender que as coisas das quais não gostamos são parte da perfeição. No entanto, tentar ser, fazer ou ter apenas positivo nos prende ao ego, o que torna o jogo impossível de ganhar, porque para cada ação há uma reação igual e oposta. A vontade de ser ou não como alguém, que achamos que é só positiva, muitas vezes é inconsciente. Podemos nem mesmo estar cientes de que estamos fazendo isso.

Quando começamos a ouvir nosso coração, sabemos que, para tudo que somos, fazemos e temos, existirá um conjunto de prós e contras, bom e ruim, apoio e desafio. Para ser o esposo/pai/patrão/empregado/irmão/filho/ser humano perfeito, você vai apoiar e desafiar os outros, bem como ser apoiado e desafiado por eles. A perfeição de se esforçar para ser apenas positivo, o que é impossível, é um catalisador que nos impulsiona e ajuda a desenvolver traços de personalidade que não desenvolveríamos de outra forma. Ela é útil até que estejamos prontos para acordar espiritualmente, então começamos o jogo de criar uma vida em sintonia com o nosso coração.

Você pode jogar tentando ser apenas positivo consigo mesmo (ao tentar viver de acordo com alguns ideais que você definiu em sua mente), ou pode jogar assim com os outros. Pense em quando você estava crescendo e prometeu a si mesmo que seria ou nunca seria como seus pais/irmãos/professores/amigos, ou que "mostraria a eles como as coisas deveriam ser feitas". O desafio dessas promessas é que elas foram feitas com a consciência de uma criança ou um jovem que ainda não tem sabedoria nem experiência de vida.

Quando estamos julgando, não vemos o panorama geral, porque, se víssemos, teríamos gratidão. É mais fácil ter acesso ao quadro geral quando temos mais experiência de vida. Uma vez que percebemos que recriamos o que outrora julgamos, temos a oportunidade de nos libertar escolhendo deixar de lado nossa presunção.

É um momento de cura quando uma mãe que ama a filha se ouve dizendo algo a essa filha que ela jurou que jamais diria, porque sua experiência com isso quando criança a fez se sentir desamada. Uma vez que entendemos que alguém pode realmente nos amar e ainda fazer/dizer/não fazer coisas que parecem dolorosas, podemos nos curar. Quando vemos como esse desafio foi necessário para nos trazer algo que não teríamos recebido de outra forma, entendemos que isso fazia parte do projeto divino da nossa vida. Isso aumenta instantaneamente nossa autoestima.

Ganhamos sabedoria sem ter que envelhecer quando visualizamos o panorama geral. Usando um lembrete mental como o antigo símbolo do Tao, lembramos que para cada ação há uma reação igual e oposta: o *yin* e o *yang*, quanto maior a escuridão, maior a luz, e vice-versa. Esse equilíbrio de energia está em tudo, incluindo situações, pessoas, traços e qualidades: existem benefícios nas desvantagens, vantagens nas experiências dolorosas, não importa quão dolorosas as desvantagens possam ter parecido às nossas emoções ou sentidos.

Quando prometemos que *nunca seremos* assim, ou que *nunca faremos* o que alguém faz, estamos partindo do ego, e não da sabedoria. Somos carregados negativamente. Quanto mais intensamente desgostamos de algo, mais energia colocamos nisso e mais nos asseguramos de recriá-lo em nossa vida.

Por exemplo, uma das minhas pacientes me disse que sentia que o pai dela não a amava, porque ele não demonstrava afeição o suficiente para com ela. Ela jurou a si mesma que não seria como ele, e que criaria bastante amor ao redor dela; se certificaria de que, quando tivesse seus próprios filhos, eles soubessem que eram amados e especiais. Teve, então, sete filhos. Conhecia o mais velho, que vinha me ver com problemas nas costas cada vez que sua mãe ficava grávida. Trabalhando com ele, descobri que, mesmo que sua mãe o amasse muito, ele não sentia que ela tinha tanto amor por ele. Caso contrário, por que ela continuaria a ter tantos filhos? Como ela estava tão ocupada com os outros, ele não recebia todo o carinho do qual sentia que precisava.

Mesmo com a melhor das intenções, ela acabou recriando a mesma realidade que tinha experimentado para seus próprios filhos. O que ela não tinha visto era a perfeição de ter nascido em uma família em que o pai não demonstrava afeto. A geração dele viveu sob a ilusão de que demonstrar afeto ou emoção os tornava menos homens, mas isso não queria dizer que eles não amavam seus filhos. Era assim que os homens eram criados naquela época, e esse cenário ainda é comum em muitas culturas.

É possível amar alguém sem deixar que suas emoções transpareçam. O pai dela tinha feito parte de uma geração que havia sido instruída a não demonstrar afeto. Ele não era reservado porque não a amava. E, no caso dela, ela não estava tendo outros filhos porque não amava o seu mais velho. O pai dela estava reagindo à criação dele, e ela estava reagindo à dela. Assim como o seu filho, ela não viu que não faltava amor. Nesse momento é importante entender o amor não como uma emoção, mas como um estado de ser, um subproduto da gratidão e da conexão com a nossa alma.

Nunca poderemos dar mais apoio a uma pessoa sem criar mais desafios para ela. Por exemplo, quando ambos os pais apoiam seu filho sem muito desafio, o filho assume grandes desafios por conta própria, ou alguém/algo fora de casa vem desafiá-lo. Ninguém escapa de desafios. Muitas vezes, o que machuca as pessoas é a ideia de que sua vida teria sido melhor se pelo menos sua mãe/pai/irmão/amigos tivessem sido diferentes. A vida não teria sido melhor; só teria trazido um conjunto diferente de apoios e desafios.

É engraçado quando você ouve as pessoas de uma geração conversando com uma geração mais jovem. Sempre temos histórias sobre como foi muito mais difícil quando estávamos crescendo. Não foi mais difícil; foi apenas diferente. As gerações mais jovens enfrentam desafios diferentes e mais sutis, mas que não são mais fáceis de enfrentar. Uma das causas mais comuns de morte entre adolescentes nos dias de hoje é o suicídio, um sinal de que experimentar a plenitude não se tornou mais fácil do que era antes. É apenas diferente.

Muitas vezes, as pessoas que se sentem magoadas porque o pai não estava por perto percebem, mais tarde, que ele pode ter desafiado mais do que se tivesse sido mais presente. Além disso, se fomos desafiados porque um de nossos pais não estava disponível, seja porque faleceu, estava sempre fora a negócios ou era emocionalmente inacessível, fazemos conexões mais profundas com outros membros da família ou do lado de fora de nossos lares. Melhor ainda, isso pode nos obrigar a aprender a nos conectar com o coração. Se quisermos, podemos ver a forma como a nossa vida se desenrolou e descobrir como tudo foi perfeito para nós, como a história da rocha. Para cada ação há uma reação igual e oposta. Por meio da sabedoria, o que pareceu um drama quando estávamos crescendo pode ser transformado em uma benção que nos era desconhecida quando crianças.

No exemplo anterior, a minha paciente com sete filhos tinha a ilusão de que não tinha sido amada quando criança. Ela recriou a mesma emoção final em seus próprios filhos para ter a oportunidade de entender o amor que o pai tinha por ela. Sabia que, não importava o quanto às vezes estivesse ocupada com os sete, ela amava muito todos eles. Embora seu filho mais velho sentisse que ela não o amava, isso não era verdade. Quando abrimos o coração e nos desapegamos do ego, podemos ver o amor e a sabedoria em ação.

As crianças desejam prazer e apoio, e confundem isso com amor. Se tentarmos apoiar mais, acabaremos criando mais desafios. É impossível dar às crianças todo o prazer que elas querem para que se sintam bem por dentro. Sentir-se bem não vem de fora! E sentir-se bem por dentro só acontece através da conexão com o nosso coração. Não importa a quantidade de amor que recebemos do exterior: ela nunca será suficiente se não estivermos ligados ao nosso coração.

A filha e o pai tinham sido incapazes de demonstrar fisicamente o seu amor, mas mesmo assim eles amaram. No entanto, como ela não foi capaz de criar uma conexão mais forte com o pai, isso lhe deu a oportunidade de se conectar mais profundamente com a mãe – e essa é a perfeição da sua situação! Com a mãe, ela aprendeu a administrar uma casa.

Cada pessoa traz prós e contras para uma relação/situação. Como temos um tempo diário limitado para usar nas diferentes áreas da nossa vida, cada vez que passamos tempo com uma pessoa ou situação, nos afastamos de outra pessoa ou situação. Por exemplo, se não tivemos um ou ambos os pais por perto, tivemos mais tempo para estar com nossos irmãos, o que nos trouxe benefícios: aprendemos a compartilhar, a apoiar uns aos outros, criamos laços mais profundos etc. Muitas vezes, quando os pais estão presentes e em harmonia, os filhos brigam entre si. Quando há um desafio com os pais, os filhos ficam mais intimamente ligados.

Tudo tem suas vantagens e desvantagens. Já tive clientes cujos pais eram os mais carinhosos possíveis, mas que ainda eram infelizes, porque não foram capazes de se virarem bem por conta própria no mundo. Há belos momentos em meus seminários quando alguém que desejava ter uma relação mais próxima com os pais e acreditava que sua "vida teria sido muito melhor se os pais tivessem agido da forma certa" está sentado de frente para uma pessoa que nos conta como era difícil conviver com as expectativas e a pressão de ter laços familiares estreitos.

O amor está sempre presente; ele só muda de forma. Nós apenas nos machucamos quando defendemos a forma como *as coisas deveriam ser* em nossa mente infantil, que quer todo o apoio e nenhum desafio. Quanto mais abrimos nosso coração, sendo gratos pela forma como tínhamos/temos apoio e desafios em nossa vida, mais nos sentimos dignos de amor, e mais amorosos somos com nós mesmos e com os outros. Quando estamos tristes pela maneira como o apoio e o desafio foram apresentados em nossa vida, somos ingratos e menos realizados.

A essa altura, geralmente enfrento o protesto de pessoas bem-intencionadas, que dirão, por exemplo: "Mas toda criança merece ter pais maravilhosos e carinhosos". Não estou defendendo que você seja cruel com seus filhos, mas qualquer experiência que você tenha tido ou oferecido aos seus próprios filhos forneceu apoio e desafio perfeitos, se você estiver disposto a olhar sua vida como um todo. Meu pai era um homem muito desafiador e não muito carinhoso (o que era equilibrado pela minha mãe). Ele era inestimável em trazer o melhor de mim. Se eu tivesse que fazer tudo de novo, ainda escolheria o mesmo pai, porque amo minha vida. Esse, na verdade, é um bom teste para ver se você realmente curou a sua vida: você estaria disposto a fazer tudo outra vez, da mesma forma, porque agora é capaz de enxergar como tudo era perfeito?

Os indivíduos de cada geração tentam ser *mais amorosos* ou *amar melhor* seus filhos, porque sentiam que não tinham amor suficiente enquanto cresciam. Mas, na verdade, cada geração só transforma o desafio e o apoio que recebeu em um novo tipo de desafio e de apoio, de acordo com seus valores. Cada geração tem novos valores, que decorrem de diferentes espaços vazios. Cada valor vem com seu conjunto de prós e contras, apoio e desafio. Não podemos mudar a maneira como nossa vida se desenrolou enquanto crescíamos. Nossos pais tinham sua própria dor e fizeram o melhor que puderam com o que tinham. Eles eram seres humanos como nós, e tiveram que tomar conta de nós enquanto trabalhavam, lidavam com desafios, curavam suas próprias feridas, cresciam e administravam outras questões da vida. E você fez o mesmo com seus filhos.

É nossa escolha ver as bênçãos no que aconteceu conosco e *abrir as nossas asas*. Ou podemos optar por ficar chateados, porque sentimos que os nossos pais *não fizeram o certo*. Já vi muitas vezes pessoas que faziam terapia há anos, mas ainda estavam presas à dor, porque estavam culpando seus pais. Enquanto não vemos o quanto fomos amados, ficamos empacados. Culpar nossos pais ou família pela nossa infelicidade não nos ajuda em longo prazo. A culpa pode funcionar por um curto período de tempo, enquanto precisamos nos desvencilhar de nossos pais. No entanto, mais cedo ou mais tarde, isso se torna motivo de insatisfação por duas razões principais: (1) lá no fundo, cada um de nós quer sentir amor por nossos pais, e, (2) embora a culpa faça bem ao ego, ela não faz bem ao coração, e não conseguimos experimentar a plenitude.

É importante entender que *tudo o que nós e nossos pais já fizemos (ou não) nos serviu de alguma forma*. Cada um de nós recebe uma *rocha* para carregar. É absolutamente impossível educar os filhos sem que eles experimentem algum tipo de dor. Mesmo que tivéssemos os pais mais esclarecidos ou fôssemos mais iluminados, os desafios ainda aconteceriam.

Por exemplo, quando vamos à escola pela primeira vez, muitas vezes nos sentimos magoados, porque não somos tratados da mesma forma que em casa. Não somos especiais; somos uma entre muitas outras crianças importantes. Isso é traumático para uma criança que está acostumada a ser o centro das atenções. Essas são apenas algumas das maneiras como podemos ser desafiados fora de casa. E, através dessas experiências, somos orientados a olhar para dentro e encontrar nossa própria força.

É importante saber que os desafios que enfrentamos estão lá para trazer o melhor de nós, e não para nos esmagar. Quando percebemos que tudo o que vem em nossa direção está ali para nos ajudar a atingir grandes alturas, subir torna-se muito mais fácil. Quando experimentamos desafios, como punições injustas, caímos em desespero. Um grande presente que todo pai pode dar a seus filhos *é o hábito de procurar o lado bom dos desafios que eles enfrentam na vida.* Os pais não devem tentar afastar todos os desafios.

Quando começamos a acordar espiritualmente, o resultado dessas experiências é a capacidade de ver que conseguimos recriar tudo o que tínhamos julgado. Nós nos tornamos mais humildes e desenvolvemos a capacidade de acessar o nosso coração. Enquanto pensamos que somos melhores do que alguém, ou menos do que alguém, não estamos equilibrados nem em sintonia com o nosso coração.

Quando fazemos a promessa de ser ou não como outra pessoa, criamos muita pressão. Tentar ser melhor do que alguém não é divertido, porque, assim que tropeçamos – e o fazemos frequentemente –, nos sentimos culpados, e isso diminui nossa autoestima e nos força ainda mais a não ser como a outra pessoa. Em vez de trabalhar em ser nós mesmos, podemos acabar trabalhando toda a nossa vida para não ser como nossa mãe, nosso pai ou um membro da família. Criamos uma expectativa irreal, que não pode ser alcançada sem um grande preço a pagar. *A última gota é quando acabamos sendo iguais*

a eles de qualquer maneira, porque precisamos ver que fomos amados.
Quando reconhecemos o amor que estava presente, aumentamos
nossa autoestima e valor próprio instantaneamente. É por isso que
guardar rancor nos custa muito caro: ele diminui o amor por nós
mesmos, o que se reflete em todas as áreas da nossa vida.

Certo dia, um cliente que estava em crise veio falar comigo. Um
dia antes, ele tinha passado oito horas no hospital fazendo todos
os tipos de testes, por causa de uma vasculite aguda (os vasos estavam estourando em todos os cantos) e dor generalizada nas articu-
lações. Seu nível de estresse tinha ido até o teto, pois o negócio dele
estava com uma dívida de um milhão de dólares. O estresse tinha
praticamente afastado a esposa dele. E, alguns dias antes, seu filho
tinha quebrado a mão abrindo um buraco na parede de casa, em um
acesso de raiva. Meu cliente estava prestes a desmoronar.

Trabalhando juntos, descobrimos que ele não conseguia relaxar.
Estava sob muita pressão, porque uma parte dele estava se esforçando para ser melhor do que o seu pai. Seu pai deixou a família
quando ele tinha sete anos de idade (muitas experiências impactan-
tes parecem ser criadas em torno dessa idade), sem apoio financeiro.
Meu cliente tinha prometido a si mesmo que seria melhor que o
pai. No entanto, ele estava enfrentando a realidade de que não era
melhor, e sua *persona* começou a desabar.

Meu cliente amava sua família, mas todo o estresse pelo qual
estava passando com seus negócios e finanças o impedia de sentir
uma conexão com seus entes queridos. Como ele não estava se sentindo bem consigo mesmo como homem, isso se refletiu em seu
relacionamento amoroso. Nós só podemos amar e estar presentes
para outra pessoa até o grau em que estamos presentes para nós mesmos. Tenho certeza de que seus sentimentos de falta de valor eram
semelhantes aos do seu pai. Ele percebeu que estava enfrentando
os mesmos desafios que seu pai tinha enfrentado com sua família.

Tinha tentado tanto ser um pai melhor para seu filho; no entanto, seu filho não estava mais feliz do que ele tinha sido. A maior parte da sua paternidade tinha sido construída em torno da tentativa de ser um pai melhor que o seu próprio, em vez de estar presente para seu filho. Ele estava reagindo, em vez de agir.

A dádiva da humildade aliviou a pressão de tentar viver em um pedestal, de tentar ser melhor do que o pai dele, de tentar não ser como o pai. Todos experimentamos a dor até que possamos encontrar a perfeição. Ele poderia começar a trabalhar em ser ele mesmo, com a vantagem de que, agora, poderia desfrutar de todos os talentos e qualidades que tinha desenvolvido enquanto estava adormecido espiritualmente e reagindo. Durante a fase de reação, teve vontade de aprender sobre o funcionamento de um grande negócio: desenvolver uma visão, lidar com funcionários, folhas de pagamento, o próprio marketing, acreditar em si mesmo etc. Sua vida foi cheia de experiências por causa disso. Apenas precisava alinhar todos os talentos que desenvolveu e trabalhar em ser ele mesmo, em vez de tentar ser melhor que o pai, para então conhecer o verdadeiro sucesso.

Quando lhe perguntei se tinha dado o seu melhor nos últimos anos, mesmo que não tivesse funcionado muito bem, ele disse que sim. Perguntei se pensava que o pai dele tinha dado seu melhor também, apesar de seu trabalho e o casamento não terem dado certo. Respondeu que provavelmente sim. Então, perguntei se agora ele percebia o quanto seu pai o amava. Disse que sim, que agora sabia que seu pai o amava. Estava aprendendo com essa experiência que havia amor onde ele pensava não haver. Apenas depois de ter passado por algo semelhante ao que seu pai passou ele foi capaz de ver isso. O que tinha feito com que ele não sentisse seu valor não era a verdade; era sua reação emocional ao evento da sua infância. *Ver o amor que existia por ele quando criança aumentou instantaneamente sua autoestima.*

Vou compartilhar outra história com você para ajudá-lo a refletir um pouco mais sobre o cenário da sua própria vida.

Tive uma cliente que achava que sua mãe não a amava quando ela era mais nova. A mãe teve quatro filhos – três meninas e um menino. Minha cliente tinha sofrido um colapso nervoso, sentia-se infeliz e culpava a mãe pelo ocorrido. Para escapar da dor, fez coisas em seus vinte anos que a afastaram de seu coração. Como a mãe dela não era religiosa, concluiu que essa foi uma das causas da sua própria infelicidade. Ela, então, se tornou religiosa para que pudesse se sentir segura e no caminho certo. Queria ser melhor que a mãe.

Parte da sua nova religião dizia que ela "deveria procriar e multiplicar para agradar a Deus". Veio me ver porque estava totalmente estressada. Desistiu de sua carreira, teve três filhos e sentia que "deveria ter mais um" para agradar a Deus. Mas, então, sentiu que os três primeiros já a deixavam esgotada. Estava com medo de enlouquecer se tivesse mais um. Mas ela queria agradar a Deus. Esperava também que a quarta criança fosse um menino – recriando uma dinâmica muito próxima à da sua família de origem. Estava ainda mais estressada porque sentia que seus sogros estavam causando problemas, e não estava falando com a mãe, porque sentia que não a amava. Nesse meio-tempo, estava julgando a mãe por ter sido uma mãe ruim e não ser religiosa.

Tenho certeza de que você pode ver como essa situação não estava funcionando bem. Como estava nervosa, ela começou a comer demais, e precisou frequentar um grupo para ajudá-la a lidar com seu problema de peso. Ensinava estudos religiosos, mas sentia que era uma fraude, uma vez que julgava tantas pessoas. Realmente tinha um profundo desejo de ser uma boa pessoa que servia a Deus, mas estava com raiva de si mesma por não ser perfeita. Ficou presa em um círculo vicioso: estava estressada porque se esforçava para agradar a Deus, mas sentia que não conseguia agradá-lo por estar estressada. Achava que tinha que se esforçar mais, o que a esgotava, e por sua vez foi ficando muito difícil para ela ser uma *boa mãe*.

A única maneira em que eu podia vê-la sair dessa confusão era abrindo seu coração para a mãe e encontrando a perfeição do desafio de ter tido uma mãe que estava doente. Caso contrário, ela iria tentar não ser parecida com a mãe pelo resto da vida, com o resultado de se tornar cada vez mais parecida com ela, por estar cada vez mais estressada, motivo pelo qual a mãe não esteve disponível emocionalmente. Se ela realmente tivesse outro filho para ser *religiosa e satisfazer a Deus* (e ser melhor que a mãe), então não estaria disponível emocionalmente para seus filhos. Um dia, eles provavelmente a culpariam por ser tão estressada e distante deles – dinâmica diferente, mas os mesmos resultados. Tudo porque, em vez de viver do coração, ela vivia de seu ego, e porque precisava aprender que tinha sido amada.

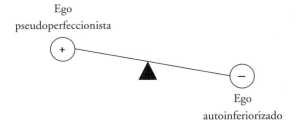

O real desafio para nós é que, quando crianças, somos (relativamente falando) tão dependentes de nossos pais para nossa sobrevivência (–) que podemos endeusá-los e colocá-los em um pedestal (+). Precisamos que eles sejam super-heróis. Seria aterrorizante pensar que eles são apenas seres humanos como nós, com seus próprios medos, dor, dúvidas e instabilidades. Não percebemos que eles também tiveram pais que tinham sua própria dor, sua incapacidade de sentir amor por si mesmos e, consequentemente, pelos nossos pais. Eles não se sentiam dignos de amor, assim como nós.

Então, crescemos e nos tornamos mais independentes. Começamos a dormir na casa do amigo e a passar gradualmente mais tempo longe dos pais. Não precisamos mais deles para sobreviver e somos muito mais críticos. São os anos da adolescência. Em vez de divinos, eles são quase o oposto. Não sabem de nada e, portanto, são imperfeitos. Eles caem do pedestal; já não são os super-heróis que pensávamos que eram. Descobri com meus clientes que, por mais que seus filhos tivessem feito tudo o que quisessem, mesmo que isso fosse contra seus próprios desejos, eles acabaram como adolescentes rebeldes. O equilíbrio entre apoio e desafio sempre é mantido.

Então, nós nos tornamos adultos, saímos para o mundo e enfrentamos desafios semelhantes aos que os nossos pais enfrentaram. Muitas vezes, temos nossos próprios filhos, e então aprendemos a apreciar os nossos pais de um ponto de vista mais puro. Conforme passamos pela vida, fica mais fácil entender o que eles passaram por nós. Não precisamos mais deles como quando éramos crianças, não sentimos mais ressentimento como quando éramos adolescentes, e podemos começar a amá-los como adultos maduros. Quanto mais amamos nossos pais, em vez de reagir a eles, mais somos livres para ser nós mesmos. Algumas crianças contornam a alteração da paixão intensa ao ressentimento. Elas têm uma percepção mais equilibrada de quem são, o que torna mais fácil seguir o coração. O dia em que começamos a realmente amar os nossos pais é um momento mágico; estamos prontos para realmente crescer espiritualmente. Enquanto temos algum tipo de apego aos nossos pais, seja por paixão ou ressentimento, não somos livres. Ficamos presos em um ciclo de emoções que continua a ofuscar nosso coração.

Os outros podem nos perceber como pessoas desafeiçoadas, porque estamos ocupados reagindo aos nossos próprios desafios, muitas vezes bastante inconscientemente. Não estamos tentando ativamente ferir pessoas na nossa vida (a menos que pensemos que elas estão nos prejudicando ou que haja uma doença mental, o que, portanto, não é proposital). Estamos apenas vivendo nossos próprios desafios, insegurança, medo e culpa. Estamos ocupados dentro de nossa agitação emocional e não somos capazes de estar presentes para as pessoas que amamos. E nossos pais não eram diferentes.

Como nas histórias de meus clientes, a maioria de nós passa uma grande parte da vida reagindo a velhos sentimentos de falta de valor. Esses sentimentos vieram da incapacidade de entender a verdade quando crianças – a verdade de que somos amados e dignos de amor em um nível mais profundo do que o amor familiar. Somos amados como seres humanos espirituais, que precisam de apoio e desafio no mundo físico para trazer à tona o melhor de nós mesmos. Sem os desafios, muitas vezes apresentados pela nossa família de origem, enfraqueceríamos, como a borboleta que não tinha um casulo contra o qual lutar.

Os desafios não parecem bons aos nossos sentidos. Eles, muitas vezes, nos fazem mergulhar em emoções e pensamentos obsessivos, mas nos desafiam a encontrar nosso caminho de volta à nossa alma através da conexão com o coração.

Em contraste, assim como alguns de nós juraram que nunca seriam como os pais, outros querem ser como eles. Da mesma forma como reagimos a uma característica por ressentimento, também podemos reagir por paixão. Então, somos carregados de forma positiva, em vez de negativa. Vemos mais coisas boas do que ruins, ou mais positivas do que negativas, em relação a isso. Quando estamos apaixonados por uma pessoa, a colocamos em um pedestal, e como resultado acabamos nos sentindo inferiores a ela. Isso porque não reconhecemos a nós mesmos; temos enfocado o nosso lado de escuridão, e não temos abraçado nosso lado de luz. Também, quando estamos apaixonados, não vemos que existem desvantagens, que

CONVERSANDO COM O CORAÇÃO

são sempre iguais e opostas aos benefícios. As desvantagens vêm do fato de que, em qualquer momento em que investimos energia em uma área da nossa vida, ela não estará disponível para outras áreas.

Quanto mais apaixonados por uma característica de nossos pais/ família estamos, mais energia temos em torno dela, e mais vamos recriá-la em nossa vida para que possamos experimentar ambos os lados dela. Por exemplo, um dos meus clientes admirava muito a forte ética de trabalho dos pais. Eles trabalhavam em equipe e estavam sempre ocupados fazendo alguma coisa. Tinham sido bem--sucedidos, criando uma vida na qual estavam no controle e acumulando riqueza financeira. Na tentativa de atingir a mesma segurança no mundo dele, meu cliente acabou trabalhando seis ou sete dias por semana, e pelo menos doze horas por dia. Fez isso por anos. Quando as coisas estavam difíceis, ele simplesmente trabalhava ainda mais, na esperança de assim resolver os desafios.

Meu cliente não parou para examinar sua situação e se adaptar a ela: a principal diferença entre sua situação e a dos seus pais era que a esposa dele tinha sua própria carreira. Como resultado da sua indisponibilidade emocional, a mulher desistiu do relacionamento, deixando-o com um profundo sentimento de perda. Ele nunca tinha se dedicado a compreender a dinâmica do relacionamento e questionar o significado real do que é uma vida bem--sucedida. Estava muito ocupado trabalhando. Meu cliente percebeu que a ética de trabalho de seus pais tinha inconvenientes que ele não tinha percebido antes. Até então, ele esteve adormecido espiritualmente, apenas seguindo os passos de seus pais, sem questionar. Ele não era livre. Apenas reagia, em vez de agir em sintonia com seu coração.

Quando estamos ocupados enfocando o nosso próprio desenvolvimento, em vez de jurar a nós mesmos que seremos ou não como alguém, experimentamos uma plenitude mais consciente para desfazer as ilusões de que não somos dignos do amor.

Gosto de pensar que o universo é uma *grande máquina de amor*, que nos apresenta oportunidades para desfazer as ilusões de que não somos dignos: Algumas dessas ilusões estão conectadas a experiências tão benignas quanto ter que lidar com a dinâmica entre irmãos ou pensar que nunca poderemos alcançar o mesmo sucesso dos nossos pais. Outras são tão difíceis quanto a morte de um pai, violência, doença, sem contar uma grande variedade de desafios entre esses extremos. No entanto, minha experiência diz que o grau de desafio não importa; pelo contrário, é como *escolhemos* reagir que importa, já que algumas pessoas podem superar grandes desafios mais facilmente do que outras enfrentariam um desafio menor.

Sempre que sentimos que havia injustiça ou falta de amor, então atraímos, nos tornamos ou criamos uma situação semelhante para nos ajudar a ver que o amor *estava* presente quando não acreditávamos nisso. Como seres humanos espirituais, enfrentamos escolhas constantemente. Podemos optar por manter a emoção, a ilusão de que não somos amados, ou podemos escolher transcendê-la, encontrando a perfeição que leva à gratidão. Quando somos gratos, sabemos que somos amados. Quanto mais gratidão temos, mais sentimos que estamos vivendo o paraíso na Terra. E esse é o caminho para a liberdade.

Exercício

Para ajudá-lo a descobrir onde você está reagindo, em vez de agir de acordo com os desejos do seu coração, aponte qual(is) característica(s) de sua família, amigos ou outras pessoas importantes em sua vida que você prometeu a si mesmo ter ou não. Se a característica for negativa, tente descobrir como você tem recriado esse traço em sua vida. Em que área da sua vida você o reproduziu? A mesma área ou uma diferente? Você consegue ver o amor que estava presente para você, mesmo que não pudesse vê-lo enquanto crescia? Medite para sentir o amor que não tinha visto antes, mas que estava lá para você. Permita a imersão.

Se a característica for positiva, tente descobrir como você tem recriado essa característica em sua vida. Quais são os inconvenientes para você e para os valores do seu coração por conta da sua paixão por essa característica?

_____

_____

_____

_____

_____

_____

_____

_____

_____

_____

_____

_____

Seis • O que mais falta é o que se torna mais valioso

Nossos vazios criam o que é mais valioso para nós. O mecanismo de vazio/valor é outra forma de orientação que temos para nos ajudar. O vazio usa a dor como um mecanismo de orientação, enquanto o *mecanismo qualquer coisa que não amamos, atraímos, nos tornamos ou criamos* usa o ego, pois tentamos ser melhores que ou como alguém.

Defino o vazio como (1) algo importante para nós que sentimos que está faltando em nossa vida ou (2) algo tão doloroso que só queremos fugir em direção ao que faça com que nos sintamos bem. (Lembre-se de que o bem e o mal, a dor e o prazer são experiências humanas do eu inferior, e não da nossa alma.) Esses dois mecanismos de orientação nos auxiliam no desenvolvimento de talentos e qualidades que, caso contrário, seriam muito difíceis de construir. Em geral, os seres humanos tendem a tomar o caminho de menor resistência, enquanto se encontram na fase inconsciente da vida. Ambos os mecanismos são o resultado de não ser capaz de ver a situação como um todo.

A dor é um grande catalisador. O mecanismo orientado pela dor é muito parecido com os foguetes pioneiros, com estágios de combustível conectados à cápsula. Você precisava do combustível no início para combater a gravidade, e, se tudo corresse bem, os estágios de combustível se desconectavam e a cápsula ia para o espaço sideral. Se o estágio de combustível não se desconectasse, a cápsula estava com problemas e começava a cair de volta para a Terra.

O estágio de combustível é a dor da qual tentamos fugir, o sentimento de não ser amado ou digno de amor que a maioria de nós experimentou enquanto crescia. Esses sentimentos são criados por todos os eventos que os seres humanos enfrentam que poderiam ser considerados ruins. (Lembra a Síndrome de Papai Noel?) Esses catalisadores muito poderosos são indispensáveis até que nos tornemos despertos o suficiente para a nossa capacidade de nos guiar pelo coração. Se não nos desapegamos do sentimento de falta de valor que nos abastece enquanto estamos na fase adormecida, somos incapazes de nos libertar para ir para o próximo nível do nosso crescimento; como os foguetes, vamos cair e nos espatifar.

O vazio mais fundamental e doloroso de todos é a ilusão de que não somos dignos de amor.

A partir desse vazio, todas as outras emoções aparecem. Os vazios são criados sempre que não obtemos a resposta que esperávamos do mundo ao nosso redor. Somos mais sensíveis a isso quando somos muito jovens, já que costumamos tirar conclusões sobre o nosso valor que não têm nada a ver com a verdade – coisas como um irmão mais velho não se sentindo amado ou digno de amor porque o irmão mais novo nasceu.

À medida que amadurecemos, precisamos de desafios maiores para impactar a nossa autoestima, mas isso ainda acontece, e a dor nos desconecta do coração. Temos então mais dificuldades em experimentar o amor, porque nossos pensamentos e emoções não param de girar. A mágoa surge porque ainda não temos sabedoria suficiente para ver a perfeição no evento. Quando encontramos a perfeição, conseguimos então ter gratidão e nos reconectar com o coração.

Experimentamos o vazio essencial de não ser amado ou digno de amor enquanto estamos inconscientes. Essa é a razão pela qual vamos "à procura de amor em todos os lugares errados". Esse vácuo cria um desejo que temos de satisfazer a qualquer custo. Ele nos leva a todos os tipos de exploração nos oito ambientes/espelhos, para nos ajudar a encontrar o caminho de volta ao coração. Como não sabemos para onde ir quando não temos consciência, esse mecanismo é um catalisador necessário. Ele não é um castigo.

A ilusão de estar desconectado do amor está presente na maioria de nós. É uma ilusão que começa muito cedo no nosso desenvolvimento humano. Trabalhando com meus clientes, encontrei-a em situações tão remotas quanto na concepção. Sei que isso pode parecer estranho, mas algumas pessoas que se consultam comigo têm um ressentimento muito forte por estar aqui no planeta Terra. Elas acham que, de alguma forma, Deus não as amava, pelo fato de tê-las enviado para cá. Durante o desenvolvimento fetal, o feto pode experimentar a emoção de falta de valor, se achar que a mãe ou o pai não o queria, ou se ele for do sexo "errado". Podemos desenvolver a ilusão de não ser digno de amor desde a concepção até o nosso último suspiro.

O processo de nascimento em si é uma fonte muito comum para o desenvolvimento do sentimento de não ser digno de amor. O medo puro ligado à experiência é muito traumático para a maioria de nós. Muitas vezes, existe um medo extremo de morrer e de ser abandonado pela vida/Deus/amor. Para muitos de nós, isso gera a primeira ilusão de não ser amado. Além desse medo de não sobreviver ao parto, experimentamos o medo de deixar nossa mãe, que era o nosso único ambiente conhecido durante nove meses. Então, como se não bastasse, podemos criar sentimentos de abandono e traição, que muitos de nós experimentaram logo após o nascimento. Como já mencionei, até muito recentemente a criança era tirada da mãe logo após o nascimento, pesada, lavada e levada a um berçário. O recém-nascido, que acabara de passar por uma das experiências mais traumáticas de sua vida, se sente vulnerável, e precisa ser alimentado e acalmado. No entanto, esse *não é o momento certo*, porque as formalidades ainda não foram finalizadas. O mais provável é que a mãe estivesse loucamente apaixonada pelo bebê, mas ela não tinha permissão para tê-lo junto dela. Algumas mães estavam anestesiadas e não estavam nem mesmo acordadas, como foi o caso com a minha própria mãe.

A partir daquele momento, o bebê teria a ilusão de não ser amado pela mãe e de ter sido abandonado. Ele não teve a chance de criar laços com a mãe e estava com medo de que ela não voltasse. Essa é uma experiência totalmente assustadora, que tem todas as chances de ficar presa na fisiologia do bebê. Ela cria uma realidade totalmente baseada na mentira de que "minha mãe não me ama, eu não tenho valor". Esse vazio pode nos alimentar por longo tempo e fazer com que tenhamos medo de confiar em relacionamentos íntimos.

Estou convencida de que ele é a fonte de muitas depressões e uma das razões pelas quais muitas pessoas têm de tomar antidepressivos. A maioria de nós não se lembra disso conscientemente (embora, às vezes, as pessoas me digam que desde o início tiveram a impressão de que a mãe não as amava), e apenas consegue fazê-lo depois de usar uma técnica que ajuda a revelar reflexos pavlovianos, como a NET ou a Supercondutividade.

Outra causa comum de vazio e sentimentos de falta de valor é o nascimento de um irmão. Para muitas crianças, essa é uma experiência traumática. Quando bebês, toda a sobrevivência depende da nossa capacidade de manipular os pais a cuidar de nós. Nosso senso de segurança, poder e valor está ligado à forma como nossa mãe (especialmente) responde a nós. Então, criamos um relacionamento bom e confortável, mas aí o pior acontece: nossa mãe tem um novo bebê, que atrapalha a nossa capacidade de manipular o ambiente. Já não nos sentimos mais seguros, poderosos e valiosos. Quando uma criança está acostumada a ser o centro das atenções da família, mas de repente a família começa a dedicar todos os seus cuidados a um bebê recém-nascido, dizendo o quanto ele é lindo e precioso, isso machuca. A criança mais velha pode enfrentar isso como uma traição, como uma ideia de que já não é boa o suficiente, que foi abandonada, deixada de lado. Poucos irmãos pensam que seus pais provavelmente encararam as grandes obrigações de ter outro filho para que eles pudessem ter alguém com quem brincar, se divertir e com quem contar.

Outro exemplo de um mecanismo de vazio/valor comum é a rivalidade entre irmãos. Se um irmão se destaca na escola, o outro pode se sentir incapaz de competir pelos holofotes da mesma maneira. Para uma criança, essa é muitas vezes uma fonte de grande desafio, ansiedade e desespero. Então, o irmão tenta se destacar nos esportes, artes, ou começa a causar problemas. Às vezes, se a criança sentir que não pode competir, acaba se alinhando aos valores de um ou de ambos os pais, mesmo que isso não seja realmente o que ela deseja em seu coração.

Você se lembra do mais velho de sete filhos? Ele entrou para o sacerdócio, pois teve muito reforço para seguir essa ambição, já que seus pais eram muito religiosos. Essa foi a maneira de se destacar e ser apreciado um pouco mais que os outros. O tempo dirá se o sacerdócio é realmente o que seu coração quer para a sua vida ou se é apenas uma estratégia para brilhar na família. De qualquer forma, ele terá aprendido lições valiosas e desenvolvido um senso de valor próprio que não teria de outra forma. Uma vez que ele se sentir digno do amor dos pais, o verdadeiro teste será descobrir se ele *precisa* viver como padre para se sentir especial e valorizado ou se ele *ama* ser um, porque isso está alinhado com seu coração. Geralmente sabemos dizer quando algo está realmente em sintonia com o coração, quando nos parece uma extensão natural de quem somos, porque nós o faríamos mesmo que não houvesse ninguém em volta para ver o que estamos fazendo. Músicos costumam ser assim. Tocam música porque isso é quem eles são.

A necessidade de brilhar *acima dos outros irmãos* é expressa de muitas maneiras diferentes. Vemos isso o tempo todo. Muitas vezes, aparece no trabalho: colegas lutam entre si para obter o reconhecimento de seu superior. Ficam com inveja, inseguros e estressados com o sucesso de seus colegas. Às vezes, crianças mais velhas ou adultos que ainda não conhecem seu valor continuam fazendo a *coisa certa* para seus pais, para que sintam que recebem mais aprovação que os irmãos. Jovens que anseiam uma carreira nas artes, em vez disso, se tornam advogados ou médicos. Adultos gays que têm medo da reação dos pais podem casar e ter filhos, muitas vezes vivendo uma vida dupla. Se um adulto precisa encontrar um senso de valor, pode acabar se tornando um cuidador para os pais, não porque ele os ama, mas porque se sente importante quando faz isso. Muitas pessoas nunca teriam se casado ou concebido filhos se não fosse para agradar a família, ou se encaixar nos padrões dos seus amigos ou da cultura.

A beleza desse mecanismo orientado pelo vazio é que ele nos leva a experimentar situações nas quais nunca entraríamos se tivéssemos a escolha enquanto estávamos inconscientes. E, obviamente, se não estamos suficientemente em sintonia com o coração para saber se é isso que realmente gostaríamos para nós mesmos, o casamento nos ensina muitas lições que nos fazem questionar os assuntos do coração. É fácil viver sozinho e não ter ninguém nos atormentando; casar com alguém é uma história completamente diferente.

Relacionamentos são belas oportunidades para o desenvolvimento espiritual. Quando estamos em relacionamentos, aprendemos muito, já que eles nos ajudam a acordar espiritualmente e a descobrir o significado do amor incondicional.

Quando somos incapazes de ver a perfeição nos acontecimentos da nossa vida, nosso amor-próprio diminui, e começamos a *perder altitude*. Só conseguimos ir até um determinado ponto usando a baixa autoestima como um catalisador; mais cedo ou mais tarde, ficamos sem combustível. O sentimento de falta de valor cria círculos viciosos que nos aprisionam. Uma das maneiras mais rápidas de se soltar *do primeiro estágio de combustível* é encontrar a perfeição espiritual nos acontecimentos da vida. Assim que fazemos isso, começamos gradualmente a ter o poder de prosperar e viver uma vida de amor por nós mesmos, alimentada pela inspiração no lugar da falta de amor-próprio.

Já trabalhei com atletas olímpicos que se encaixam perfeitamente nos padrões: aqueles que são movidos pelo desejo de provar a si mesmos que são merecedores, e aqueles que são movidos pelo desejo de trazer o melhor de si mesmos através do amor. Minha experiência me mostrou que os atletas que precisam da medalha pendurada no pescoço para provar seu valor, que baseiam todo seu senso de *self* nela, geralmente precisam lidar com muito mais estresse. Isso aumenta a probabilidade de contusões e de cometer erros, já que cria-se mais expectativas em torno deles, como o lucro de patrocinadores se eles vencerem. Perguntaram a Cindy Klassen, que ganhou cinco medalhas nas Olimpíadas de 2006, qual era o segredo do seu sucesso. Ela disse que, já que Deus lhe tinha dado esses dons especiais, tinha que fazer o melhor que podia com o que havia recebido.

Você consegue notar a diferença de energia entre uma pessoa que está desesperada para provar seu valor e aquela que está inspirada a dar o melhor de si. Em qual categoria você se encaixa?

Mesmo que o mecanismo de vazio/valor sirva para nos guiar, quando experimentamos o vazio pela primeira vez, sentimos que estamos sendo punidos. Como ele é orientado pela dor, parece que algo nada divertido está acontecendo. Por exemplo, quando você tem consciência de que não sabe nadar, não vai para o fundo do mar por vontade própria. Mas, se você caísse acidentalmente, provavelmente faria o possível para sobreviver. A necessidade de sobreviver seria o catalisador. Com os desafios da vida, é a mesma coisa: precisamos sobreviver a eles. Aprendemos a nadar, mesmo que não fosse a nossa intenção, e por causa disso nos tornamos melhor preparados para aproveitar a vida depois. Se assim escolhermos.

Há muitas razões pelas quais experimentamos o vazio ilusório de que não somos dignos do amor. A maioria delas é totalmente normal – ser o filho mais novo da família e ter a sensação de que nunca alcançará os outros, ser o mais velho e achar que suas necessidades não são tão importantes quanto as do seu irmão, ou ser o filho do meio e se sentir invisível. Nada disso significa que nossos pais são incapazes de amar – um dia, provavelmente, eles já sentiram o mesmo que nós.

Outra fonte da ilusão de que não somos dignos do amor é a infelicidade da mãe ou do pai. As crianças usam o espelho que lhes é apresentado pelos pais: pensam que são dignas de amor quando os pais estão felizes, e acham que não são boas o suficiente quando eles estão infelizes. É muito importante que os pais saibam que, se eles não se dedicam a fazer o que é bom para o coração "porque as crianças ocupam todo o seu tempo", não estão fazendo bem aos filhos. Quando um pai está sobrecarregado e não tem tempo para si mesmo, perde a paciência e não se sente animado. Quanto mais os pais se dedicarem a ouvir o seu coração em equilíbrio, mais isso lhes será útil de forma consciente.

Você se lembra do Jogo da Criação? Equilibrar o que é importante para nós em todas as áreas da vida nos torna mais radiantes. Por sua vez, isso dá às crianças a sensação de segurança, pois, como as coisas em casa estão bem, elas também devem ser *boas* crianças. Sim, elas podem sentir a sua falta se você separar algum tempo para fazer exercícios ou um curso de pintura. Mas, durante esse tempo, terão a oportunidade de se conectar com seu próprio coração, com os irmãos, um amigo, uma babá etc.

O outro lado da moeda é que você não precisa se preocupar se sentir que não tem demonstrado tanta felicidade perto dos filhos como poderia. Está tudo bem, já que tudo está em perfeito equilíbrio. O apoio e o desafio são eternamente conservados em nossas vidas; se os desafios não vêm de uma fonte, virão de outra. É fácil pensar que devemos corrigir o problema, que devemos evitar qualquer dor. Mas é impossível evitar todos os tipos de dor. Se ela não vier de um ambiente externo (escola, valentões, amigos, estranhos etc.), será gerada a partir do interior e aparecerá como insegurança, autocrítica e sensibilidade extrema.

Acredito que *nós ressoamos com um vazio porque prestamos atenção a ele quando nos serve.* Gêmeos podem nascer com minutos de diferença um do outro, mas ter uma reação totalmente diferente aos pais e a um desafio. Para um deles, o fato de que a mãe não responde ao seu choro pode parecer o fim do mundo, já para o outro, enquanto seu irmão estiver lá, não tem problema. Dependendo do que não aprendemos ainda, prestamos mais ou menos atenção às coisas que nos acontecem. Em um dia, podemos fazer um drama por causa de algo que, em outro dia, não faríamos. *Aquilo a que decidimos dar atenção nos serve porque é o que nos orienta.*

O universo não comete erros. Ele é um belo balé de apoio e desafios. Acho fascinante como deixamos as expectativas e emoções da infância nos controlar mesmo quando já somos adultos. Quando os adultos começam a ver os pais como seres humanos iguais a eles, e não como super-heróis que fracassaram com eles, se tornam livres. Seus pais tinham seus próprios desafios e dores, e podem não ter sido capazes de estar presentes emocionalmente: além dos medos ligados à incerteza ao longo da gravidez, do trabalho de parto e do processo de nascimento, a nova mãe poderia estar preocupada por causa de um estresse financeiro, um relacionamento em ruínas, uma morte na família, ou simplesmente passando pelo estresse de trazer um novo bebê a uma vida já corrida.

Por outro lado, o pai pode ter passado por desafios semelhantes. Como mencionado, os homens eram considerados menos homens se demonstrassem emoções. Eles se sentiam incompetentes nesse aspecto e, muitas vezes, só se afastavam das suas emoções porque se sentiam desconfortáveis em vivê-las. Se você adicionar a isso o fato de que, normalmente, os homens usam apenas cerca de um terço do número de palavras que uma mulher usa em um dia, poderia ter a impressão de que seu pai não o amava, se comparado à sua mãe. O comportamento totalmente normal dos pais assume proporções gigantescas quando somos crianças, porque somos muito dependentes deles.

Há pessoas que nunca acordam espiritualmente na vida em que você as conhece. São *almas jovens*. Algumas demoram muito tempo para acordar, enquanto outras o fazem desde muito cedo. Não há certo ou errado. É como ser parte de uma família composta de avós, pais, jovens adultos, adolescentes, crianças e bebês. Ninguém é melhor que os outros; estamos todos apenas em diferentes estágios de evolução. Não há necessidade de ficar chateado com o outro.

O mesmo vale para os diferentes níveis de evolução espiritual dos membros de uma família e do resto do mundo: não podemos mudar onde as pessoas se encontram. Precisamos apenas ser compreensivos e ver como isso nos serve. Você não ficaria bravo com uma criança de cinco anos por não ser capaz de cuidar de você da forma que um adulto poderia. E, embora uma criança de cinco anos não possa cuidar de você, isso lhe dá tempo para se conectar e se cuidar, ou ser cuidado pelos outros membros da sua família ou amigos. Bem, o mesmo acontece com a evolução espiritual. Embora você seja mais novo em termos de idade do que seus pais, pode ser uma *alma mais velha* do que eles são. (Na verdade, nossa alma não pode ser mais velha; no entanto, alguns de nós absorvem mais sabedoria e amor da alma.) Mas isso é perfeito para você. Permite que outras pessoas entrem em sua vida para lhe dar o que você precisa. Vem com seus conjuntos de prós e contras, assim como nascer de pais que são almas mais velhas. É como a velha canção dos Rolling Stones diz: "Você não pode ter sempre o que quer... você tem o que precisa".

Uma vez que você começar a procurar o amor que estava presente em sua vida, será muito grato. Ele pode ter sido bem disfarçado, mas, quando você entender seus maiores valores, o que é mais importante para você, vai ver que tudo estava conspirando para ajudá-lo a conseguir isso. Você recebeu o equilíbrio perfeito de apoio e desafio. Se parar para pensar, tudo o que lhe aconteceu mostra como você foi guiado. A única razão pela qual nos machucamos é porque ficamos viciados em pensar na forma como o amor *deveria* entrar na nossa vida. Em nossa mente infantil, os pais deveriam ser almas mais velhas do que nós e nunca experimentar desafios emocionais próprios. Isso é o que toda criança quer, mas não é realista, e as pessoas que se apegam a esse dogma nunca são capazes de abrir o coração para experimentar amor e gratidão. Em vez disso, continuam experimentando a mágoa e o ressentimento.

Quando trabalho com adultos maduros, muitos deles ainda estão apegados à fantasia de que seus pais *deveriam ter sido melhores*, e por causa disso seu coração está fechado. Há uma espécie de prazer em se apegar à dor. O que eles parecem esquecer é que nossos pais tiveram seus próprios pais: nossos avós tinham sua própria dor, que impactou nossos pais, e por sua vez nos impactou. Se nossos pais deveriam ser esclarecidos para que pudéssemos ser felizes, isso implica que temos de ser esclarecidos para que nossos filhos possam ser felizes.

Como você pode ver, isso é totalmente impossível. Esses adultos maduros que estão chateados com os pais, muitas vezes, têm filhos que estão chateados com eles pelas mesmas razões. Realmente ficamos presos na idade em que a emoção ficou guardada dentro de nós. Uma mulher com quem trabalhei guardava uma mágoa porque a mãe dela tinha uma babá para ajudar a administrar a casa. Minha cliente foi a quinta filha, e estava convencida de que não tinha sido tão amada quanto seus irmãos por causa disso. Como um adulto, é fácil entender que uma mãe pode ficar sobrecarregada por ter cinco filhos, mas minha cliente só foi capaz de entender quando eu mostrei isso a ela. Ela estava convencida de que sua mãe não a amava tanto quanto as outras crianças! Por causa disso, houve tensão entre elas, o que colocou mais pressão sobre seu relacionamento e perpetuou a ilusão de que ela não era tão amada. Ela ficou presa em um círculo vicioso do ego – "Ela é minha mãe, mas não cuidou de mim como cuidou dos outros. Ela deveria ter sido melhor". Para experimentar o amor que seu coração estava desejando, tinha que se desapegar do próprio ego.

A única maneira de se livrar da dor do passado, presente e futuro imaginado é assumindo responsabilidade e escolhendo reagir aos acontecimentos de nossa vida com gratidão, em vez de ressentimento. A magia disso é que, geralmente, uma vez que os pais mais jovens começam a ser gratos por seus pais, a sua relação com os seus próprios filhos desabrocha. É muito bonito quando isso acontece, mostrando a ligação que há entre todos nós.

CONVERSANDO COM O CORAÇÃO

Parte da dor que sentimos é a ilusão de que nossa vida teria sido melhor "se ao menos os nossos pais tivessem se comportado da maneira que queríamos que se comportassem". No entanto, gosto de pensar que há uma espécie de *contrato espiritual* entre as crianças e os pais através dos quais encarnamos. Chegamos à vida um do outro no ponto evolutivo perfeito para dar apoio e desafio no equilíbrio mais perfeito para nós. Nossa consciência ressoou com os nossos pais, e a deles com a nossa. Alguns de nós atraem certas dinâmicas familiares difíceis, mas que são sempre as melhores para a nossa evolução espiritual particular. Nossos pais eram os pais perfeitos para que experimentássemos o que precisávamos. Será que teríamos sido mais felizes se eles tivessem sido como desejávamos que fossem quando éramos crianças? A resposta é "não". Apenas teríamos recebido um novo conjunto de dor e prazer, vazio e valor, porque são forças motrizes necessárias em nossa vida até que estejamos plenamente conscientes. Mesmo quando estamos plenamente conscientes ainda há o vazio relativo de desejar ser mais e mais conectado com nosso eu superior e Deus.

Lembro-me de duas mulheres que vieram para um de meus seminários de fim de semana. Uma tinha sido criada na Guatemala principalmente por sua avó, porque a mãe era solteira e tinha que ir trabalhar para sustentá-las. Essa tinha sido a maior fonte de dor e mágoa em sua vida, pois sentia que sua mãe não a amava. Por causa disso, ela tinha praticamente cortado todas as comunicações com a mãe. A ilusão da falta de amor e as dificuldades que ela enfrentava em seu país tornaram muito mais fácil sua mudança para o Canadá. Estava morando em Toronto, onde tinha um ótimo trabalho como professora. Tinha um filho, um homem que ela amava e uma boa casa para morar. A única coisa bloqueando seu caminho para desfrutar plenamente de suas dádivas era a melancolia e a dor ligadas à mãe.

Sentada bem à sua frente estava uma mulher que tinha sido criada em uma família muito unida, com uma mãe que dava muita atenção a ela. A maior carga em sua vida era a sensação de que tinha que corresponder às expectativas da mãe e que agora tinha que cuidar dela. Como a mãe tinha investido muito tempo e energia nela, se sentia em dívida. Havia desejado uma carreira como artista, mas, como a mãe tinha receio de que ela não tivesse sucesso, a desencorajou. Essa mulher se tornou secretária porque sua mãe pensava que isso seria melhor para ela. No entanto, conhecendo essa pressão a sua vida toda, aprendeu a ter jogo de cintura. Era engenhosa e confiante, assim como a outra mulher. O interessante era que uma desejava ter tido a mãe da outra. Quando elas viram os inconvenientes, perceberam que a vida não teria sido melhor. Entenderam que teria sido apenas diferente e foram capazes de ser gratas pela mãe que tinham.

A mulher guatemalteca estava passando por um momento desafiador com o seu filho. Quando ele nasceu, ela era uma mãe solteira que tinha que ir trabalhar para sustentar os dois. Seu filho sentia que ela não o amava e, consequentemente, tinha um pouco de ressentimento em relação a ela. Em essência, ela havia recriado a mesma dinâmica em sua própria vida para ajudá-la a ver o quanto ela tinha sido amada, assim como ela amava seu filho.

Na manhã seguinte, essa mulher compartilhou algo muito bonito com a classe: havia recebido uma mensagem de voz de seu filho, dizendo-lhe que a amava e a apreciava por tudo o que ela tinha feito por ele – e ele tinha ligado quase na mesma hora em que ela estava no processo de reconhecer a própria mãe por tudo o que ela tinha feito. Isso realmente a ajudou a perceber o amor que esteve lá para ela o tempo todo. O que ela queria de sua mãe não era o que ela tinha recebido, mas a mãe dela tinha dado tudo o que pôde. Asssim como ela estava fazendo com o seu próprio filho. Viu que, por meio dessa experiência, tinha construído força de caráter e independência, que lhe permitiram deixar seu país para começar uma vida nova e mais segura. Percebeu que não tinha perdido nada, já que sua avó e tia cuidaram bem dela, enquanto sua mãe fornecia o apoio financeiro para a sua sobrevivência. A única coisa que faltava era a gratidão. Percebeu que sua vida era muito mais fácil do que a vida da mãe, e entendeu os sacrifícios dela pelo seu bem-estar.

O mecanismo do vazio/valor não está lá para nos torturar; ele está presente sempre que precisamos de alguma direção e ainda não temos orientação interior suficiente. Isso acontece principalmente quando estamos nos preparando para fazer um salto quântico em nossa consciência. Portanto, continuamos experimentando-o sempre que necessário por toda a nossa vida.

Por exemplo, quando eu tinha quase trinta anos, a morte súbita do meu irmão mais novo em um acidente de carro três semanas depois que o meu pai foi diagnosticado com câncer terminal foi um dos momentos mais dolorosos da minha vida. No entanto, isso me lançou em uma busca para entender do que é feita uma vida plena. Como tive em primeira mão a experiência de que nunca temos certeza de quando nossa hora vai chegar, queria saber como viver. Queria entender o que tornava uma vida plena, para que quando fosse a minha vez de deixar este planeta sentisse que tinha vivido bem.

Comecei a participar de seminários, ler, fazer diários e meditar. Também era remadora competitiva, o que me mostrou quem eu era diante de uma dor intensa e como superar os meus limites. Um relacionamento desafiador de oito anos também havia terminado, e tudo isso junto deu origem a uma busca para descobrir do que é feita uma vida maravilhosa.

Aprendi a me desprender da dor de perder entes queridos e a me conectar com o meu coração. Sei que essa experiência foi uma das razões pelas quais tive a grande oportunidade de ganhar a vida ajudando as pessoas a se reconectarem com seu coração. O vazio criado pela morte do meu irmão me permitiu ajudar milhares de pessoas a viver mais íntimas do seu coração, e a experimentar mais amor e gratidão. De certa forma, meu irmão vive por meio do meu trabalho.

Se você deseja um bom relacionamento amoroso, mas se mantém ocupado o tempo todo e não dá espaço a um, pode muito bem atrair uma crise, ou um vazio, para ajudá-lo. Uma das minhas clientes cresceu em uma família na qual a mãe teve que criar quatro filhas sozinha depois que seu pai partiu, quando ela tinha sete anos. Pela maior parte da sua vida, sentiu que estava sozinha e que não havia ninguém por ela. Exceto pelos cavalos. Eles eram seus amigos, a sua fonte de amor incondicional e de segurança que a fazia se sentir inteira. Era uma excelente amazona e se sentia mais viva montando em um cavalo. O vazio de se sentir sozinha tinha criado esse amor por cavalos, e ela preferia a companhia deles à de qualquer outra pessoa/coisa além de sua família. Reconhecia que o cavalo era um substituto para a necessidade de amor que tinha medo de experimentar com um ser humano.

Certa semana, ela me procurou chateada. Seu cavalo a tinha derrubado três vezes enquanto ela o montava. Ela se machucou e decidiu que, não importava o quanto amava montar aquele cavalo, tinha que desistir dele, porque era muito perigoso. Em uma prova de amor e carinho por si mesma, ela teve que se desapegar dele. Estava apavorada por ter que fazer aquilo, pois sabia que ele preenchia uma necessidade emocional. Àquela altura, estávamos trabalhando juntas há alguns meses em reconhecer o seu valor, e ela não estava mais tão desesperada com a ideia de não ter alguém ou algo para preencher o vazio emocional. Estava indo bem.

Dois dias depois – *inesperadamente* –, ela conheceu um homem maravilhoso, que estava totalmente encantado por ela. Teve que cair do cavalo três vezes para criar espaço para um homem. Desde que comecei a trabalhar com ela, ela desejava intensamente um relacionamento, mas precisava do conhecido *pontapé* inicial. Será que ela teria precisado cair do cavalo se tivesse criado um espaço de bom grado? Quem pode garantir isso? Mas essas coincidências são excepcionais demais para serem ignoradas quando você vê centenas delas.

Depois de trabalhar com milhares de pessoas usando a técnica NET, encontrei alguns padrões muito interessantes de "vazios que se transformam em valor". Descobri que a relação que temos com a nossa mãe/a principal pessoa que cuidou de nós tem um impacto nos nossos relacionamentos amorosos. Isso se aplica tanto às mulheres quanto aos homens. Ao que parece, a conexão com a mãe é muito importante na criação de uma imagem de ser digno de amor. Quanto mais sentimos que poderíamos fazer nossa mãe feliz, quanto mais sentimos que ela nos amava, mais felizes nos sentimos com nós mesmos. Naturalmente, isso não é uma regra, mas eu diria que, quando começamos a namorar, nossos relacionamentos românticos são cerca de 80% moldados pela relação que temos com a nossa mãe, e 20%, pelo pai. Então, os relacionamentos românticos que temos iniciam novos padrões de valor.

Por outro lado, diria que cerca de 80% das vezes em que uma criança tem uma carga positiva ou negativa em relação ao pai ela vai aparecer em sua carreira. (Isso é válido para a geração mais velha, quando a mãe era a principal pessoa que cuidava da casa e o pai trabalhava fora. Como isso está mudando em nossa cultura, estou certa de que esse padrão também vai mudar.) Existem todos os tipos de permutações sobre o tema, dependendo se a criança sente que ama o pai ou não gosta dele. Já vi alguns homens alcançarem altos cargos em sua carreira por raiva do seu pai, competindo com ele apenas para mostrar que eles são capazes. Quanto mais raiva eles sentem pelo pai, mais bem-sucedidos normalmente se tornam em sua carreira. Geralmente é um momento intenso de gratidão quando eles percebem que, sem as ações de seu pai, eles não teriam conquistado o sucesso na carreira que tanto apreciam. O homem que era a fonte de seu ódio os ajudou a conquistar algo que eles não teriam conseguido de outra forma.

O inverso também acontece. Se o pai for realmente bem-sucedido em seu negócio e o filho tiver raiva dele, muitas vezes, o filho não vai se sair tão bem apenas para mostrar seu controle sobre sua própria vida. Então, novamente, se uma criança amar o seu pai e ele não for bem-sucedido em sua carreira, ela vai, muitas vezes, se *sabotar* quando atingir certo nível de realização. Pelo que já testemunhei, parece que fazem isso para proteger o pai, para evitar esmagar sua autoestima e manter a posição dele intacta na família. Isso acontece especialmente se o filho vive perto.

Estava realizando um seminário na França quando um homem veio se consultar comigo. Perguntei quais eram os desafios que ele estava enfrentando, e ele disse que seu filho de dezoito anos de idade não queria ingressar na universidade. Disse a ele que, como ele era o único presente ali, a única coisa que eu poderia fazer era trabalhar com ele e ver como ele participava daquela dinâmica. Quando pedi que declarasse: "Eu quero que o meu filho vá para a universidade", vi que faltava conformidade com essa declaração. Descobri que, quando esse homem tinha dezoito anos, não deu continuidade à sua educação. Seu próprio pai não teve uma educação universitária, e ele não queria fazer com que seu pai se sentisse *inferior*. Quando lhe perguntei se ele achava que seu filho estava possivelmente fazendo a mesma coisa, ele naturalmente viu o paralelo. Sabia exatamente sobre o que ia conversar com o filho. O menino sabia que o avô sentira medo de perder o respeito do seu pai, meu cliente, diante da mesma situação.

Se um pai for muito bem-sucedido e a criança sentir (especialmente quando for um rapaz) que não pode competir, ela vai, muitas vezes, direcionar seus esforços para outra área. Parece que os desafios que enfrentamos com o nosso pai estavam lá para nos preparar para a vida fora de casa, nos mundos da carreira e das finanças. Ao contrário do pai, a mãe nos deu as habilidades necessárias para prosperar dentro de casa.

Outra área de vazio que se transforma em valor dentro da dinâmica familiar é com os irmãos. Os irmãos têm um impacto muito significativo em nosso senso de autoestima. Da minha experiência, a carga que temos com eles vai aparecer pelo quanto acreditamos que podemos crescer no mundo.

Existem todos os tipos possíveis de permutação. O filho mais velho, do meio e o mais novo têm diferentes vazios, que criam valores distintos. Os irmãos geralmente têm ciúmes um do outro. Não gostamos que ninguém brilhe mais do que a gente. Queremos a atenção e o apoio dos pais. Muitas vezes, saímos "dando rasteira" em qualquer um que brilhe mais do que nós.

Algo que pareça totalmente razoável para um adulto é uma verdadeira fonte de estresse para uma criança pequena. Por exemplo, já reparou o que acontece quando você entra em um lugar onde há duas crianças pequenas? Especialmente se uma delas for bebê, os adultos correm para ele e fazem grande alvoroço, enquanto a criança mais velha olha para a cena se sentindo invisível, ou não tão importante ou amada. Não é que não amamos a criança mais velha; é simplesmente a natureza humana que nos leva a fazer isso. No entanto, muito frequentemente, a criança mais velha leva a atitude para o pessoal, e sente que tem menos valor por causa disso.

Todos os incidentes em que parece que o mais novo recebe toda a atenção se acumulam. Quando você adiciona a isso o fato de que a criança mais velha sempre precisa abrir mão de algo porque ela é mais velha, ou que ela recebe tarefas porque tem mais capacidade, isso se torna muito desafiador. O filho mais velho, muitas vezes, distorce isso em sua mente, entendendo que ele não é tão importante.

Ele então desiste, se torna introvertido ou tenta se destacar em diferentes áreas nas quais sinta que tem uma vantagem.

Por um lado, é difícil para o mais velho ter um irmão mais novo; mas, por outro lado, isso também é uma fonte de força. Como a criança mais velha pode fazer coisas que a mais nova não pode, como amarrar os sapatos, andar de bicicleta, jogar bola, colorir dentro das bordas, ou ler e escrever antes do mais novo, isso lhe dá uma sensação de poder e confiança. Essa confiança ajuda na escola, e o mais velho muitas vezes a usa para ofuscar o mais novo. Como ele recebe mais responsabilidades, sobe mais alto na carreira, pois se sente confortável em estar no comando.

Quando trabalho com o caçula de uma família, ele também é bastante confiante ou muito frustrado. Não tem o desafio de perder seu lugar no centro das atenções, mas é desafiado de maneiras diferentes – não pode fazer tudo o que seus irmãos mais velhos parecem ser capazes de fazer facilmente, por causa da diferença de idade. Em algumas raras ocasiões, o irmão mais velho é mentalmente mais lento ou o mais novo é extremamente centrado, e este recebe um estímulo por ser capaz de competir com o mais velho e ganhar dele. Isso é extremamente desafiador para o mais velho e causa um impacto duradouro sobre a sua confiança. Uma forma de realmente afetar um relacionamento é fazendo com que alguém se sinta *inferior* ao outro. Seja o mais velho ou o mais novo, ninguém gosta de sentir que não é tão bom quanto o outro.

As crianças levam tudo o que acontece com os pais para o lado pessoal. Encontrei alguns padrões interessantes. Por exemplo, o filho de pais que brigavam ou se divorciaram muitas vezes sente que não era inteligente o suficiente para descobrir como consertar aquilo. Se for uma filha, ela vai sentir que não era bonita ou boa o suficiente. Essas crenças sobre si aparecem naturalmente mais tarde na vida. Algumas das mulheres mais lindas já vieram me ver acreditando que eram feias, pois os seus pais não eram muito felizes juntos.

A morte de um dos pais também pode ser uma fonte de autoa-versão, porque a criança muitas vezes sente que isso aconteceu por-que ela não era boa o suficiente: "Se eu merecesse, Deus não teria levado a minha mãe/pai para longe". Todas essas situações criam uma ilusão de não ser digno de amor, que por sua vez criará um vazio ou uma vontade que não estaria lá de outra forma.

Isso tudo faz parte da perfeição de ser um ser humano. Assim como um bebê no começo de sua vida não consegue levantar a cabeça, e depois se torna capaz de fazer isso, então aprende a sentar, engatinhar e, finalmente, a andar, o desenvolvimento espiritual do ser humano também tem um processo evolutivo. Temos a fase inconsciente e consciente de desenvolvimento. No começo, como não temos consciência suficiente, precisamos de alguns *mecanismos de orientação*: (1) qualquer coisa que não ama-mos recriamos, (2) vazio se transforma em valor, e (3) reflexos pavlovianos. Esses catalisadores nos deixam loucos às vezes, mas fazem seu trabalho. Eles oferecem experiências de vida que desen-volvem a nossa personalidade.

Como seres espirituais, precisamos de matéria, que é dual na natureza, para nos expressarmos; nossos traços de personalidade nos proporcionam isso. Eles servem para nos ensinar a nos expres-sarmos como seres humanos até que estejamos prontos para des-pertar espiritualmente. Então começamos a acessar o nosso eu superior, construímos sobre o que já foi desenvolvido e nos apri-moramos. Nós nos desprendemos do vazio sendo gratos por ele, e entramos gradualmente mais em sintonia com o nosso coração. Ao fazer isso, irradiamos cada vez mais amor e sucesso – o sucesso deri-vado de viver de acordo com o valor do nosso coração. Evoluímos da experiência puramente humana à experiência humana espiritual autorrealizada.

Exercício

Os exercícios a seguir têm o potencial de transformar profundamente a sua vida, se você tiver a disciplina para se sentar, pegar caneta e papel – ou, melhor ainda, um diário –, e cavar fundo. Provavelmente levará um tempo para compreender tudo, mas, ao encontrar as respostas, você vai automaticamente aumentar o seu valor próprio/amor. Esse valor próprio/amor será refletido em todas as áreas de sua vida, incluindo relacionamentos, carreira e finanças. Será mais fácil para você confiar que é digno de amor, e isso vai aparecer em relações de melhor qualidade, melhores oportunidades de carreira e mais riqueza financeira.

Olhe para trás em sua vida e encontre os principais eventos traumáticos.

Esses eventos podem incluir o nascimento de seus irmãos, o relacionamento com irmãos mais velhos, a morte de familiares, amigos, ou desafios de carreira. Se seus pais estavam lidando com problemas financeiros, a morte de familiares ou amigos próximos, ou desafios de carreira, de saúde ou conjugais, isso o impactou e provavelmente fez com que você se sentisse magoado, assustado, triste, com raiva, isolado, incompreendido ou insignificante.

Olhe para suas experiências fora de casa, na escola, no trabalho, com amigos e relacionamentos românticos. Analise sua vida desde o mais cedo que você puder lembrar até agora e encontre os marcos importantes que criaram vazios.

Verifique cada um desses vazios/situações e/ou acontecimentos dolorosos. O que eles fizeram com você? Como eles o ajudaram a fazer o que do contrário você não teria feito? Quais foram os talentos que você desenvolveu como resultado? Quem são as pessoas que do contrário não estariam na sua vida?

Examine sua vida e encontre os momentos que forneceram o apoio que trouxe o melhor de você.

Sete

Vícios: como nos entorpecemos enquanto não conseguimos nos conectar com o coração

Os vícios tiram a liberdade que conquistamos quando somos capazes de ouvir e agir com base nos desejos do nosso coração. Quando estamos viciados, tentamos anestesiar nossas emoções. Nós nos entregamos a uma prática ou a um hábito do qual somos excessivamente dependentes. Os vícios podem aprisionar, diminuindo a capacidade de estar atento. Eles nos colocam no piloto automático e nos impedem de ouvir e fazer o que seria bom para o nosso coração.

Considero "vícios" qualquer coisa que usamos para nos entorpecer: eles servem como um meio de diminuir a dor que se está sentindo. Os vícios debilitantes podem assumir o controle de nossa vida e criar o caos. Esse é o lado de escuridão deles. No entanto, como tudo no universo, podemos também encontrar o lado de luz dos vícios, para nos ajudar a transcendê-los. E, até certo ponto, todos nós somos viciados em algo que nos ajude ao longo do caminho da nossa experiência humana.

Os vícios são mecanismos que usamos para sobreviver até que tenhamos nos conectado ao nosso coração.

Quando estamos conectados ao coração, experimentamos alegria, segurança, gratidão, abundância e amor, independentemente do que está acontecendo fora de nós, e não há necessidade de vício. À medida que nos conectamos cada vez mais com o nosso coração, os tipos de vícios que temos diminuem em intensidade. É a evolução natural do espírito humano. Estamos todos aqui em um caminho para a iluminação que pode demorar vidas inteiras para ocorrer. Estamos todos aprendendo a nos conectar com a alma através do coração mais constantemente. Todos nós estamos removendo as pedras que obscurecem a luz do nosso coração, bem como nos desprendendo da ilusão de que não somos dignos de amor ou de que não somos amados. À medida que gradualmente começamos a nos conhecer melhor, e a aceitar nosso lado de escuridão e de luz, redescobrimos a nossa essência divina.

Os vícios são semelhantes ao que acontece quando você é atropelado por um caminhão e fratura muitos ossos. Em um primeiro momento, você sente uma dor absurda. Pode ser que precisem mantê-lo inconsciente. Então, talvez administrem analgésicos muito fortes, e depois passem a outros menos agressivos, até que tenha melhorado o suficiente para escolher usar as drogas somente quando preciso, e depois não usar mais droga alguma. O mesmo acontece conosco enquanto seres humanos. Dependendo da intensidade da dor ou vazio, e do nível de evolução espiritual em que estamos, existe um tipo de "ferida" que exige mais ou menos anestesia para que possamos sobreviver.

Essa parece ser a parte complicada. Para cada ação há uma reação igual e oposta; quanto maior a intensidade da experiência do vazio/dor, maior a possibilidade de um grande presente, caso seja utilizado de forma consciente. No entanto, quando o vazio/dor é muito forte, pode ser impossível para uma pessoa se recuperar nesta vida. Já me perguntaram: "Qual é a perfeição em alguém tão traumatizado que não é capaz de experimentar a alegria de se conectar ao seu coração pelo resto da vida?". A minha resposta é a seguinte: se você começar com a premissa de que a energia não pode ser destruída ou criada, que ela apenas muda de forma, e compará-la à experiência humana, faz sentido que todos nós reencarnemos.

Se todos nós estamos em um caminho rumo à iluminação, se estamos aqui para aprender a nos conectar com o coração e agir de acordo com ele, então cada experiência de vida se desenvolve em cima da anterior. Assim como esperamos nos tornar mais sábios à medida que envelhecemos, ficamos mais sábios à medida que reencarnamos com mais frequência. Acredito que é por isso que algumas pessoas podem sobreviver a experiências traumáticas em sua vida, encontrar bênçãos e crescer, enquanto outras com menos experiências traumáticas são incapazes de enfrentá-las. Alguns de nós são almas mais velhas do que outros. Por isso, a perfeição das almas mais jovens, que estão muito desconectadas de seu coração para ser capazes de reverter os acontecimentos da vida, é que elas estão reunindo experiências e aprendendo lições. Cada vida traz a sabedoria de suas experiências e causa impacto em nossa evolução. Essas pessoas também são belos professores para aqueles ao seu redor, porque, quando estamos à mercê de nossas emoções, criamos desafios que ajudam os outros a crescer.

Como mencionei, quanto maior a dor, maior o desejo de escapar dela, e mais oportunidades temos de desenvolver interesses, talentos, qualidades e relacionamentos que do contrário não desenvolveríamos. O desafio é não deixar o vazio criar um sentimento de falta de valor, que fecha o coração. A hipótese de que coisas boas acontecem a pessoas boas e coisas ruins acontecem a pessoas ruins cria a ilusão de que não somos dignos de amor. Mas isso não precisa ser assim. Podemos deter essa crença percebendo como tivemos apoio e desafio perfeitos.

No entanto, se não encontrarmos a perfeição e ainda acrescentarmos ao trauma o estigma da dependência, diminuiremos cada vez mais o nosso senso de valor próprio. Isso nos impede de sentir o coração, causando dor e a necessidade de mais entorpecentes: esse é o ciclo e uma das causas do vício. Por isso os vícios não curam, a não ser que a pessoa tenha um despertar e comece a se amar. Uma vez desperta, ela pode mudar de um vício para outro que esteja mais de acordo com o seu coração.

Gostaria de voltar à metáfora da pessoa que foi atropelada por um caminhão. Se a fratura não fosse curada e a pessoa passasse muito tempo com dor e sem medicamentos, ela ficaria esgotada. Teria dificuldade para dormir, comer, e seus entes próximos sofreriam. Com os medicamentos, pelo menos, ela seria capaz de dormir e facilitar o processo de cicatrização. No entanto, se a fratura não está cicatrizando, mas continuamos a tomar as drogas sem saber o porquê do problema, a dependência química é criada. E as drogas têm efeitos colaterais: elas destroem o seu corpo. Isso não é algo sustentável em longo prazo. No início, o amor por nós mesmos pode nos ter permitido tomar medicamentos, mas no fim ele também nos ajudaria a parar de tomá-los, depois que tivéssemos lidado com a causa.

O mesmo é válido para qualquer vício. No início, o mecanismo entorpecente funciona sem causar muito dano, mas, em longo prazo, tem repercussões ou efeitos colaterais graves. Isso faz parte da perfeição: a dor dos efeitos colaterais nos obriga a procurar soluções pelas quais não procuraríamos se pudéssemos simplesmente continuar nos entorpecendo para sempre. Acredito que muitas doenças são uma tentativa do nosso eu superior nos levar a parar, prestar atenção a nós mesmos e aprender sobre o nosso valor.

O conceito de apoio e desafio perfeitos é muito importante para nos ajudar a transcender o ciclo do vício. Até onde sei, é uma das maneiras mais rápidas de quebrar o ciclo de baixa autoestima e da falta de amor-próprio, e é uma técnica muito poderosa para evitar a necessidade de entorpecentes. Quando começamos a olhar para tudo como um presente, como uma oportunidade de aumentar o nosso amor-próprio, como uma chance de nos conectar com o coração, começamos a despertar espiritualmente. Quanto mais benefícios conseguimos encontrar dentro do lado de escuridão da nossa existência, mais gratidão e valor próprio ganhamos. Em vez de sentir que não somos merecedores, podemos ver a beleza no que vivemos.

Estou certa de que as pessoas mais inspiradoras que você conhece passaram por alguns momentos muito difíceis. O que as torna inspiradoras, interessantes e sábias é o fato de que elas usaram os seus desafios de vida para ficar mais fortes. Elas têm mais compaixão pelos outros, porque encontraram a compaixão por si mesmas enfrentando dificuldades que serviram de lição de humildade para elas.

A chave para transcender os vícios é descobrir qual ilusão de falta de valor estamos tentando entorpecer. Assim como os analgésicos da pessoa atingida por um caminhão lhes permitiam dormir e curar a dor, os nossos vícios são mecanismos de enfrentamento que nos ajudam até que acumulemos experiência suficiente para nos livrar da ilusão de que não somos dignos de amor. Não há necessidade de se envergonhar. Você teria vergonha de precisar tomar analgésicos se tivesse sido atingido por um caminhão? O mesmo acontece com os outros mecanismos de entorpecimento que temos em nossa vida.

Sem vícios, a dor que sentimos seria demais para suportar por longos períodos de tempo e nos aniquilaria mais rápido. Se pudéssemos fazer *melhor*, se tivéssemos a sabedoria, a usaríamos, mas não a temos, e é por isso que as pessoas ficam viciadas. Existem diferentes graus de vícios. Alguns deles são realmente destrutivos, enquanto com outros podemos conviver por longo período. No entanto, a falta de capacidade de se conectar com o coração impede o pleno gozo da vida.

Quanto mais uma pessoa se sente sem esperança em relação à sua vida, mais ela recorrerá a maneiras fortes de medicar a dor, provocando geralmente efeitos colaterais mais graves. Quando mencionamos vícios fortes que causam dependência física, costumamos pensar em drogas e álcool. Eles afetam profundamente a fisiologia do corpo e precisam da ajuda de uma equipe experiente de especialistas para reequilibrar a bioquímica, bem como lidar com os conflitos internos. O cigarro também causa impactos em nossa bioquímica, mas não de forma tão rápida ou severa como as drogas e o álcool. Também é uma prática mais aceita em nossa sociedade e não traz o mesmo estigma de que poderia diminuir nosso senso de valor próprio.

Ao lado de vícios rapidamente destrutivos, existe uma ampla variedade de vícios que proporcionam diferentes graus de entorpecimento. Assim como um bom arsenal de medicamentos tem uma variedade de analgésicos, há uma vasta gama de vícios que podem servir para as diferentes intensidades de dor.

Os vícios podem ser qualquer atitude que tomamos compulsivamente para fugir da nossa realidade, para entorpecer a nossa dor ou para que nos sintamos bem em relação a nós mesmos.

Apostas, videogames, relacionamentos, sexo, pornografia na Internet, alimentos, cafeína, esportes, trabalho, compras, dramas, obsessão com o peso, ler muitos livros, ou assistir a muitos filmes ou à TV podem ser vícios. A autoajuda também pode se tornar um vício, daí a expressão "viciado em autoajuda".

A dependência é um ciclo vicioso. O sentimento *bom* geralmente é muito breve. A pessoa que associa comida a amor precisa comer quando se sente triste para se preencher. Se ela tem um problema de peso ou de saúde, se sente culpada por ter acabado de comer

Conversando com o coração

algo que não era bom para ela. Então, por se sentir "mal", precisa se entorpecer, e, já que a comida é a droga escolhida, procura algo para comer novamente.

Acontece que a comida é uma maneira muito *natural* de se acalmar quando alguém está chateado; um bebê é amamentado assim que se aborrece. É quase um reflexo automático. Os pais dão porcarias a seus filhos em ocasiões especiais. A palavra "guloseima" começa a ser associada a prazer, ocasiões especiais e recompensas. Os olhos das crianças brilham quando elas ouvem essa palavra.

Uma paciente minha, que tinha começado uma dieta nova, veio me consultar sobre o fato de estar se sabotando por desejar e comer batatas fritas. Depois de trabalharmos o método NET, ela lembrou que, quando era criança, ela e seus irmãos faziam fila antes de ir para a cama, porque, se tivessem sido bonzinhos durante o dia, receberiam um punhado de batatas fritas! Então, em sua mente, como ela era uma *boa menina* seguindo sua dieta, merecia uma recompensa. A recompensa tinha sido programada como batatas fritas, e isso estava causando seus conflitos interiores. "Ser boa e, portanto, ganhar batatas fritas" não estava em conformidade com o que ela queria alcançar conscientemente. Qualquer coisa que tenhamos associado a uma recompensa pode se tornar uma forma de nos entorpecer ou sabotar.

A obesidade é um grande desafio na América do Norte e causa muitos problemas de saúde. Os pais podem evitar esse tipo de dependência não usando comida como recompensa por bom comportamento, ou fonte de conforto ou carinho. Embora muito provavelmente o vício por guloseimas seja substituído por outro, você pode levar os seus filhos em direção a algo de que eles realmente gostem e que aumente a sua autoestima.

Uma das minhas clientes me disse que conhecia o poder dos alimentos como conforto, e, desde que seu filho era bem novo, associou talos de aipo a recompensas. Ela sempre tinha aipo na geladeira, e disse que, em certo ponto, até embrulhava alguns deles em papel-alumínio e os colocava embaixo da árvore de Natal, para que pudessem ser associados à diversão, alegria e recompensa. Disse que seu filho, que já estava na casa dos trinta anos, ainda procurava comer aipo quando estava chateado.

Como é muito fácil associar comida a conforto quando estamos nos sentido tristes ou chateados, precisamos ser mais autoconscientes. Em vez de pegar comida, pare, preste atenção e faça a si mesmo as seguintes perguntas: "O que eu estou sentindo?"; "O que realmente está me incomodando?"; "Qual é a minha dor?". Então, permita-se sentir plenamente a emoção e enfrente a causa. Você vai diminuir a necessidade de comida com muito menos esforço. Pode até mesmo fazer algum trabalho de conscientização interior e compreender o que está tentando anestesiar usando o método de Supercondutividade, ou pode consultar um médico que trabalhe com reflexos condicionados, como a técnica NET, por exemplo.

Muitas pessoas têm medo de sentir as emoções que as fazem se entorpecer porque, mesmo que de forma inconsciente, sabem que isso está ligado a algo que não faz com que se sintam bem. Elas não querem parar e refletir que, em algum lugar no fundo, não se sentem dignas de amor. Mas, como você agora já sabe, isso é uma ilusão: todo mundo é digno de amor, especialmente na infância, quando a maioria desses pavlovianos são armazenados em nossa fisiologia. Você só precisa estar ciente, especialmente da primeira vez que se permitir sentir, que isso é uma ilusão e que não há nada a temer. Você *é* digno de amor, e essa é a pior coisa que você vai descobrir quando se permitir *sentir*, com o objetivo de tornar-se livre. É uma grande alegria para as pessoas quando elas deixam isso acontecer.

É um momento profundo de cura quando finalmente ouvimos o nosso coração, que estava tentando nos dizer, desde o início, que somos dignos. Satisfazemos o coração quando começamos a prestar atenção às emoções como guias, em vez de anestesiá-las. Quando você fizer isso, eliminará a necessidade de se entorpecer.

Torturar-se por comer e tentar parar por vontade própria é um método muito difícil, e muito provavelmente pouco duradouro, de balancear a sua dieta. Ele apenas cria um sentimento mais profundo de não ser digno, já que agora não só você tem a dor, como não pode comer para supri-la, porque *está gordo*. Realmente dói e faz com que precisemos de mais entorpecentes. É muito importante que, quando uma pessoa quiser perder peso, não o faça por estar com raiva de si mesma, mas porque se ama.

Você pode querer perder peso para ter mais energia, para que seja mais fácil se movimentar, para que suas roupas sirvam melhor, e para que viva uma vida mais longa e saudável. O excesso de peso vem sendo associado à pressão sanguínea elevada e a um maior risco de diabetes, o que resulta em maior risco de cegueira, insuficiência renal, doenças cardíacas etc. Assim como fumar é perigoso para a saúde, comer demais também acarreta efeitos colaterais graves. Quando você perde peso por amor, escapa do turbilhão emocional que criou a necessidade de comer em excesso: perder peso por amor aumenta o senso de valor próprio, ao passo que perder peso porque está com raiva da sua aparência diminui a autoestima, tornando-se uma espécie de punição.

Uma tarefa que dou aos meus clientes é a de se perguntar ao longo do dia, quantas vezes for possível, sempre que eles estiverem fazendo uma escolha sobre qualquer coisa, o seguinte: "Isso vai aumentar ou não a minha autoestima?"; e "Estou fazendo isso por amor a mim mesmo?". Se a resposta for positiva, então recomendo que eles vão em frente e o façam. Caso seja negativa, recomendo que não o façam, se puderem evitar. Se não conseguirem evitar, peço a eles que descubram o que estão tentando anestesiar, e nós enfrentaremos isso quando eles estiverem prontos. Amor, aqui, não significa fazer o que é *agradável* aos seus sentidos, mas o que aumentará o seu senso de valor próprio, porque você sabe que está fazendo uma escolha que melhorará a saúde.

Há uma grande diferença entre *agradável* e *amoroso*. Algo agradável poderia ser comer batatas fritas. Algo amoroso seria comer arroz integral, sabendo muito bem que ele é melhor para a sua saúde. Os óleos utilizados para fritar batatas não são bons para você, são tóxicos. No entanto, tenho o que eu chamo de regra 80/20: como seres humanos, comemos porque a comida alimenta o nosso corpo, mas também comemos porque ela nos dá prazer sensual. Se comemos alimentos que sejam realmente bons para o nosso corpo 80% do tempo, ele administra isso bem se estamos saudáveis. Ser amoroso consigo mesmo pode significar comer arroz integral na maioria das vezes e comer batatas fritas de vez em quando. Se você sabe que tem feito as escolhas certas na maior parte do tempo e seu corpo se sente bem naquele dia, não tem problema se você quiser comer batatas fritas.

Como os prazeres sensuais podem ter um impacto positivo na nossa bioquímica, algo que pode não ser saudável para o seu corpo pode ser consumido de vez em quando. Pela minha experiência, a maioria das pessoas que entram em dietas muito rigorosas são incapazes de mantê-las (a menos que elas tenham uma doença que ameace sua vida) e, mais cedo ou mais tarde, acabam alternando entre extrema disciplina e extrema indulgência. Com a regra 80/20, elas podem encarar isso não como uma dieta, mas como um estilo de vida, porque não parece punição. Vejo que, no fim, as pessoas que não são tão rigorosas com sua dieta acabam perdendo o gosto por alimentos pouco saudáveis naturalmente. Sem dificuldade, o que é saudável para o seu corpo se torna o que elas gostam de comer, e sentem grande prazer dessa maneira.

Fazer compras é outro comportamento que usamos como mecanismo entorpecente. É um vício feminino comum fazer compras quando as coisas ficam difíceis. Alguns relacionam esse comportamento aos mecanismos de sobrevivência intrincados no nosso material genético: nos tempos antigos, os homens iam caçar, enquanto as mulheres ficavam com as crianças e recolhiam qualquer alimento que estivesse disponível. Há também um outro tipo de compras – aquelas com o intuito de nos tornar mais bonitos e atraentes para o sexo oposto. Esse tipo também pode estar ligado a um mecanismo de sobrevivência biológica.

Não faz muito tempo que, se uma mulher não tivesse um marido, só poderia ser indigente ou empregada, caso não tivesse nascido com dinheiro ou beleza. Mesmo hoje em dia, mulheres solteiras têm uma vida muito difícil em algumas culturas. O poder e a segurança de uma mulher ainda estão ligados à sua beleza. Mas os tempos estão mudando, e isso vem se tornando menos necessário, porém ainda é muito importante para uma série de mulheres. Se você observar todos os produtos, revistas e salões de beleza, verificará que eles atendem à necessidade feminina de se sentir bonita mais do que aos homens. Roupas, cortes de cabelo e produtos de beleza também são geralmente mais caros para as mulheres do que para os homens, porque têm mais valor para elas.

Quanto mais bonita uma mulher, mais segura ela é, já que tem mais chance de atrair e segurar um homem poderoso. E isso pode se tornar um desafio conforme ela fica mais velha, justificando a necessidade de todos os procedimentos extremos de beleza aos quais ela pode se submeter. Se uma mulher não se sente bonita ou digna de amor, muitas vezes faz compras para se sentir melhor. Temos até um termo para isso: "terapia de compras". Mas isso se tornará um grande problema se ela estiver vivendo acima das suas possibilidades financeiras e começar a usar cartões de crédito que não pode pagar. Como isso contribui para criar um sentimento ruim sobre si mesma, ela precisa fazer compras para se sentir melhor. Mesmo que tenha prometido a si mesma ser boazinha, não consegue resistir e acaba se martirizando por isso.

Se uma mulher se sente incapaz de cuidar de si mesma financeiramente, pode decidir que precisa ter um homem para cuidar dela. Agora, o vício de compras é combinado à necessidade de um homem que possa apoiá-la financeiramente. Necessidade não é amor; de certa forma, é um outro tipo de vício, pois o homem está ali para anestesiar o medo de não ser capaz de sobreviver. Esse cenário é difícil na maioria das vezes, já que o homem sabe que é necessário, em vez de amado. Uma vez que o equilíbrio de apoio e desafio é sempre perfeito em todas as relações, se a mulher buscar o apoio de um homem rico que não ama, mas de quem precisa, será desafiada de diferentes maneiras. Ao notar a situação, o homem terá maiores expectativas e menos respeito, e isso pode levá-lo ao desejo por outras mulheres, a ser mal-humorado, difícil de lidar, egoísta etc. A mulher vai se ver fazendo muitas coisas contra seu coração, diminuindo ainda mais seu senso de valor próprio, o que fará com que ela precise fazer compras!

As emoções que causam medo, dor, raiva e culpa fecham o coração, porque fundamentalmente vêm do fato de a pessoa não se sentir digna de amor. Estou descrevendo um cenário heterossexual, mas a mesma coisa pode acontecer em relações homossexuais.

Os homens também podem entrar em gastos excessivos para se sentirem melhor. Diferentemente das mulheres, que gastam dinheiro para se sentirem mais bonitas, os homens gastam dinheiro para se sentirem mais poderosos. A exibição de poder, mesmo que falso, muitas vezes lhes permite atrair e segurar belas mulheres, que também fazem parte da ideia de sentir-se "poderoso" para muitos. É assim que eles acabam comprando casas, equipamentos eletrônicos, barcos e carros esportivos que estão muito acima das suas possibilidades, forçando-os a continuar a trabalhar apenas para pagar suas contas. Viver com esse *status* falso é estressante, pois, embora do lado de fora um homem pareça poderoso, no interior se sente muito frágil. Isso, por sua vez, aumenta a necessidade de se sentir poderoso artificialmente, por meio da compra de novos bens ostensivos.

Os relacionamentos sofrem com os vícios, porque, quando uma pessoa está com dor, trancafiada em seu próprio mundo, não está disponível amorosamente para ninguém. Quando o vício diminui os recursos financeiros, a tensão é ainda maior no relacionamento, aumentando o sentimento de falta de valor.

Os relacionamentos também são uma boa droga entorpecente; por causa deles, ficamos ocupados demais para sentir e ouvir a nós mesmos. Procuramos alguém de fora para cuidar da dor que sentimos, em vez de resolvê-la nós mesmos.

Algumas pessoas são incapazes de ficar sozinhas – precisam constantemente de alguém para impedir que sintam a *si mesmas*. Hoje, com os celulares, é fascinante ver como algumas pessoas simplesmente não conseguem ficar sem uma conexão com alguém. Tenho observado muitas vezes que, quando um voo termina, os telefones celulares são ligados quase freneticamente pela necessidade de falar com alguém, como um fumante que precisa de um cigarro. Notei isso até durante uma caminhada por uma bela ilhazinha fora de Atenas, onde os moradores parecem estar constantemente pendurados em seus celulares quando andam sozinhos. Mais uma vez, não há nada de "errado" na necessidade de estar conectado com os outros. Apenas necessitamos saber que talvez estejamos fazendo isso para preencher algum vazio, e que isso pode impedir que nos conectemos com nosso coração.

A maioria dos relacionamentos começa porque procuramos alguém para nos fazer felizes. É por isso que dói tanto quando um relacionamento que foi usado para nos entorpecer termina. Quanto mais dor foi anestesiada pela presença de outra pessoa, mais doloroso é quando ela vai embora. Uma mulher linda veio me ver depois que seu marido faleceu. Ela o amava muito, mas ao mesmo tempo não estava arrasada. Sentia que tivera sorte de tê-lo por dezesseis anos, mas que sua jornada tinha que ser diferente da dela, e tinha aceitado aquilo. Disse-me que algumas pessoas ficaram surpresas porque ela não estava chateada ou arrasada. Simplesmente estava em paz, com seu coração cheio de amor por ele. Para mim, ela exemplifica a diferença entre necessidade e amor.

O vício em dramatizar as coisas também é interessante. Noto que algumas pessoas continuam a criar desafios em sua vida para que não precisem lidar com seu sentimento de falta de valor. Já vi algumas pessoas obcecadas pelo próprio peso, tornando isso o principal foco de sua vida, como se não necessitassem lidar com as suas emoções, com a sua carreira/relacionamentos/família etc.

A dependência de relacionamentos pode acontecer em relações amorosas, mas também nas relações familiares. Os pais podem usar os próprios filhos como uma forma de anestesia. Se o seu relacionamento com o cônjuge não for satisfatório, muitas vezes acabam dedicando todo o seu amor aos filhos, porque é mais fácil controlar esse tipo de amor. Algumas mulheres precisam reconhecer que estavam com medo de não ser bem-sucedidas em suas carreiras e que se perderam ao cuidar de seus filhos, para que não precisassem enfrentar suas inseguranças.

Muitos pais que fizeram da sua missão na vida cuidar de seus filhos, sem ter tempo para ouvir os desejos de seu próprio coração, têm dificuldade em se desprender. Essa é a diferença entre amor e necessidade: precisar de alguém não significa que você ama essa pessoa. Se os pais cuidam do desejo de seu coração, não ficam ressentidos quando os filhos vão embora. No entanto, se os pais não seguem seu coração, se sentem decepcionados, como se *tivessem se sacrificado em vão*. E isso gera culpa na criança. Mais frequentemente, esse desafio se apresentará à mãe, em especial se ela *sacrificou* sua carreira para ficar com os filhos, porque achava que aquilo faria dela uma mãe melhor.

Já vi várias mães ficarem deprimidas quando seus ninhos se tornaram vazios. Algumas começaram a beber; outras encontraram um tempo para perguntar a si mesmas o que queriam da vida e deram a volta por cima. Algumas nunca conseguem, causando pressão e culpa nos filhos. Como resultado, eles muitas vezes não fazem o que seria bom para si e acabam ficando por perto, para que os pais não se sintam magoados. Ao agir a partir da culpa, em vez do amor, não estão ouvindo seu coração, e isso gera neles a necessidade de se entorpecer. Então acabam tendo filhos para que possam preencher o sentimento de vazio interior. Assim, o ciclo começa novamente, fazendo com que esses filhos precisem de seus próprios filhos!

Minha mãe era muito boa em nos deixar fazer o que era certo para nós mesmos. Para seguir o meu coração, tive que deixar minha cidade natal e viver oito horas longe dela. Morar em Toronto mudou minha vida e me deu muitas possibilidades que não teria tido se tivesse ficado em casa. Aprendi a falar inglês, o que permitiu que eu me conectasse, estudasse e aprendesse com as pessoas que mais poderiam impactar minha vida. Agora estou escrevendo este livro para você porque falo inglês – e porque tenho um grande editor!

Deixando as brincadeiras de lado, estava ciente do dom de ser bilíngue bem cedo. Consegui que minha irmã mais nova viesse morar comigo em Toronto por algum tempo, para que pudesse aprender a falar bem inglês. Em Quebec, é mais fácil encontrar melhores empregos se você é bilíngue. Mas ela acabou conhecendo o marido e ficando por aqui. Isso não fazia parte dos meus planos. Depois que meu pai faleceu, minha mãe ficou morando sozinha. Teria sido fácil me sentir culpada pelo fato de não conseguir visitá-la com mais frequência. Mas ela tem tantos outros interesses, e agora tem um novo homem maravilhoso em sua vida, com quem tem se divertido muito. Minha mãe, aos 82 anos, está se divertindo mais do que nunca. Sei que ela não teria conhecido seu novo namorado se tivéssemos ficado perto dela, porque costumava ficar em casa o tempo todo quando estávamos lá.

TV, esportes, filmes, sonhar acordado, livros e autoajuda são um tipo diferente de vício, porque, muitas vezes, não fazem a pessoa se sentir culpada; elas simplesmente os usam como artifícios para escapar da realidade. Esforços atléticos, leitura de livros e autoajuda são frequentemente considerados boas atividades, e as pessoas não estão cientes de que estão usando isso para não sentir o que elas estão com medo de sentir.

O trabalho é uma outra forma de vício usada para fazer com que a pessoa se sinta digna e fuja da realidade ao mesmo tempo. Muitas pessoas trabalham por longas horas com orgulho e se gabam disso. Mas seus relacionamentos, saúde e outras áreas da vida sofrem as consequências de colocar o valor de alguém completamente em um ambiente. Fazer trabalho voluntário ou ser bom para um monte de gente também pode não ser feito por amor, mas por uma necessidade de se sentir bem consigo mesmo. Muitas vezes, enquanto crescemos, o reconhecimento vem de trabalhar muito, ser bom na escola ou fazer tarefas. Frequentemente, a criança se sente especial, respeitada ou amada quando faz um bom trabalho. Os pais se gabam das realizações de seus filhos para os outros na frente deles. Isso é muito natural, exceto quando a criança acredita que essa é a principal razão para ser amada.

Não há nada de errado em trabalhar muito, se isso vem de nosso coração e somos inspirados por ele. No entanto, entramos em apuros quando usamos o trabalho, ou um trabalho voluntário, como forma de não *sentir* a nossa vida, ou quando precisamos dele

CONVERSANDO COM O CORAÇÃO

para definir quem somos. Vários clientes me contam como sentiam que seus pais não os amavam tanto quanto amavam os estranhos a quem ajudavam quando faziam voluntariado. Estou certa de que seus pais os amavam, mas eles provavelmente tinham necessidade de ser reconhecidos como "bons" fazendo trabalho voluntário. Não tinham conhecimento dos efeitos sobre a sua própria família. Muitas vezes, os filhos de voluntários se queixam: "Todo mundo pensava que a minha mãe era muito legal. Mas, quando ela chegava em casa, estava tão cansada e irritadiça que não recebíamos muito amor dela". Um bom indício de que estamos fazendo o que amamos, em vez de tentar nos sentir merecedores de algo, é que normalmente aquilo nos dá energia para fazer o que amamos sem extrapolarmos.

No final das contas, uma pessoa acaba se sentindo vazia quando se define por seu trabalho. Quando estabelece seus objetivos de carreira pela primeira vez e então os alcança, mas ainda se sente vazia, acredita que é porque ainda não atingiu *um dos grandes*. Então, passa para o próximo nível de objetivos de carreira, e também os alcança, mas ainda não se sente satisfeita. Mais cedo ou mais tarde, ela percebe que o trabalho não vai torná-la feliz e questiona o sentido da sua vida. Pessoas que se definem por seu trabalho enfrentam grandes desafios e oportunidades de crescimento se são demitidas ou se fracassam em seu negócio. São empurradas para a experiência perfeita de encontrar o seu senso de valor próprio. Para sobreviver a essa crise existencial, têm que cavar fundo e atingir mais autoconsciência. Ou encontram um outro trabalho que vai paralisá-las novamente, até que estejam prontas para se curar.

Presenciei isso muitas vezes quando trabalhava como quiroprática. Tinha clientes que estavam estressados por trabalhar sessenta horas ou mais por semana sem receber suas horas extras. Eles continuavam assim até que sentissem que "valiam mais do que isso", e então seguiam em frente. Quanto mais prestigiado o local de trabalho, mais tempo aguentavam no emprego: grandes empresas com grandes nomes são muito atraentes se você precisa do mundo exterior para provar a si mesmo o seu valor. Mas não ter tempo para família, amigos, saúde ou espiritualidade tem seu preço em longo prazo. Um dia, eles não aguentam mais ou ficam de saco cheio. O vazio experimentado por viver uma vida assim os obrigam a questionar e mudar suas prioridades. Uma vez que isso acontece, as pessoas, muitas vezes, deixam seu trabalho e experimentam muito mais satisfação. A sua posição é na maioria das vezes preenchida muito rapidamente por outra pessoa que precisa aprender sobre o seu valor.

Uma dependência não química muito interessante é o vício em seminários e autoajuda. Muitas vezes, a pessoa não tem qualquer consciência de que está apenas se entorpecendo. Está realmente convencida de que está fazendo algo de bom para si, conhecendo todos os princípios dos gurus da moda. É preciso mais do que conhecer um conceito sobre a maneira *correta* de se sentir para integrar realmente a sabedoria necessária. Como uma cliente minha me disse quando seu relacionamento com o namorado terminou: "Eu sei todas essas coisas, sei a maneira correta de pensar e o que diria aos meus amigos em tal situação. Mas, agora que estou passando por essa experiência, me sinto inútil".

Saber algo em nossa cabeça não é o mesmo que saber em nosso coração. Quando uma pessoa está presa em sua cabeça e não se permite sentir seus sentimentos porque *tem conhecimento*, está impedindo que a sabedoria se desenvolva. Então, como *deveria se sentir melhor,* mas não o faz, precisa corrigir isso encontrando a próxima técnica, o próximo seminário ou o próximo livro que levará o vazio embora.

Sentir as nossas emoções e aprender com elas, em vez de ouvir a cabeça de imediato, é a chave para a transformação.

Se pudéssemos ganhar sabedoria apenas a partir de livros e conceitos intelectuais, todos nós poderíamos simplesmente ler trinta livros inteligentes e nos tornar sábios. Para ganhar sabedoria, é preciso integrá-la. Considerando isso, não estou dizendo que não há valor em ser viciado em autoajuda e ficar preso à cabeça. No entanto, é importante saber a diferença entre sabedoria e conhecimento intelectual, caso contrário podemos ficar presos em nossa mente, incapazes de acessar o coração. Às vezes, era bastante desafiador ajudar as pessoas a acessar o coração quando elas tinham trabalhado em algumas empresas populares de desenvolvimento pessoal. Elas têm tanto medo de deixar a segurança, sentir suas emoções e acessar o coração, que o seu conhecimento acaba trabalhando contra elas. É muito mais fácil conseguir levar uma pessoa a se conectar com o coração se ela pode facilmente sentir e pensar.

O exercício pode definitivamente ser um vício. Quando feito com moderação, fortalece o corpo e a mente, auxiliando-nos a seguir o nosso coração. No entanto, o exercício excessivo deteriora o corpo, nos mantém ocupados e com uma sensação fisiológica que, se mantida por muito tempo, faz com que seja mais difícil seguir o coração. Um estudo publicado no Jornal Britânico de Medicina Esportiva conclui que o exercício pode ser mais eficaz do que medicamentos no tratamento de depressão leve a moderada. Os pesquisadores da Universidade Livre de Berlim descobriram que fazer apenas trinta minutos de exercício por dia melhorou significativamente o humor dos pacientes que estavam sofrendo de depressão por um período mínimo de nove meses.

"A atividade física tem o mesmo efeito que os antidepressivos", diz o Dr. Fernando Dimeo, que conduziu a pesquisa. "O exercício aeróbico estimula os neurotransmissores em nosso cérebro a produzir serotonina, uma endorfina que faz com que nos sintamos bem.

E o exercício, ao contrário de antidepressivos, causa menos efeitos colaterais negativos sobre o corpo."

No entanto, o excesso de atividade física pode exaurir o corpo. Existe um fenômeno conhecido como *barato de corredor*, que é o motivo pelo qual algumas pessoas correm demais, já que elas gostam do prazer que vem com a onda de endorfina. "O excesso de exercício está associado a riscos graves, incluindo morte súbita, infarto do miocárdio não fatal, fadiga excessiva, hipertermia e problemas musculoesqueléticos significativos[1]."

Sonhar acordado como maneira de fugir da realidade também é uma técnica entorpecente bastante útil. Uma amiga minha que vivia na costa leste estava conectada a um homem que vivia na costa oeste. Ele pensava nela há mais de três anos! Ambos estavam interessados um no outro, mas, quando ela lhe disse que estava interessada em levar a relação para o próximo nível, ele disse que gostava do jeito que era – gostava do desejo que crescia pelo fato dos dois estarem longe. Ele era honesto consigo mesmo e sabia que estava com medo de entrar em um relacionamento. Essa era uma maneira fácil de enfrentamento para ele. Muitos de nós usamos o mecanismo de enfrentamento do *desejo* para ocupar a mente, bem como criar algum senso de romance e de segurança, sem ter que estar em um relacionamento.

Para ajudar na recuperação de vícios, especialmente os químicos, é importante abordar as causas estruturais, bioquímicas e emocionais deles. Diferentes tipos de profissionais devem ser envolvidos dependendo do tipo de vício, mas, basicamente, sem um intenso desejo de libertar-se e ganhar alguma conexão com o coração, isso não vai acontecer. Com desejo e coragem, qualquer coisa é possível.

---

1   Larson, E. B., & Bruce, R. A. (1987). Health benefits of exercise in an aging society. *Arch Intern Med. 147*(2), 353-6.

CONVERSANDO COM O CORAÇÃO   193

Fazer exercícios aumenta os níveis de serotonina, aumentando a sensação de bem-estar e diminuindo a necessidade de se entorpecer. Comer o alimento certo também impacta da mesma forma nossa bioquímica e tem uma influência direta no progresso da recuperação. As emoções criam realidades químicas; o amor cura, e fazer o que nos inspira, amar a nós mesmos e aos outros são coisas que impactam profundamente a nossa bioquímica. Encontrar e liberar os reflexos pavlovianos que temos ligados à dor e à diminuição da sensação de valor próprio facilita a cura. Ver a perfeição em tudo o que nos causou dor aumenta instantaneamente a autoestima, o que significa que há menos necessidade de se entorpecer, já que há cada vez menos dor.

Todos esses ângulos, quando trabalhados juntos, criam uma base sólida para um renovado senso de si mesmo e liberdade de um vício particular. À medida que curamos a nossa conexão com o coração, apenas evoluímos os tipos de vícios que temos, do mais ao menos entorpecente, o que nos permite seguir o coração mais facilmente.

Uma vez que conseguimos superar uma grande dependência, passamos para uma menor. Por exemplo, muitas vezes, as pessoas que são viciadas em uma substância frequentam grupos para enfrentar seu vício. Elas trocam a necessidade de uma dependência de substâncias por uma social; simplesmente evoluem do mais entorpecente para o menos entorpecente, para se permitir seguir o coração mais facilmente.

Qualquer dificuldade pode ser transformada em oportunidade de crescimento e de liberdade para se conectar com o coração. Trabalhei com muitas pessoas que tiveram a experiência de lidar com o câncer. Elas dizem que a descoberta do câncer foi o ponto de virada que lhes permitiu encontrar satisfação e paz interior. Uma das minhas clientes me disse que foi a primeira vez em sua vida que ela começou a ter alegria, depois que usou sua experiência com o câncer de ovário para aprender sobre a vida e ela mesma. O câncer certamente não é uma maneira fácil de aprender lições. Os vícios também não são fáceis, mas, se houver desejo intenso e coragem, eles podem ser transformados em inspiração. Os vícios são apenas maneiras diferentes que o nosso eu superior tem para nos mostrar que precisamos prestar atenção em nós mesmos.

Se você está lutando contra um vício, um que o esteja prejudicando de forma física, familiar, profissional, financeira ou social – ou apenas criando o sentimento de que a vida não é satisfatória –, agora pode ser o momento certo de parar e examinar o que está acontecendo. Seu mecanismo de entorpecimento funcionou por um tempo e permitiu que você enfrentasse algo, mas agora você pode sentir que ele não está mais funcionando. Pode estar sentindo mais dor do que prazer e, portanto, ter chegado ao ponto em que acumulou incentivo suficiente para querer se livrar dessa dependência em particular.

Quando a dor do vício é maior do que o medo de enfrentar a si mesmo, você recebe o dom de estar pronto para revertê-la. Isso faz parte de todo o processo de evolução humana – e é perfeito! Essa fase lhe dá mais coragem de olhar para o lado de escuridão e de luz, e então abraçá-los, assim como faríamos por um ente querido. A beleza disso é que, quando as pessoas começam a enfrentar a si mesmas, descobrem que não são tão ruins assim – afinal, na verdade, fizeram um belo trabalho, considerando os desafios que enfrentaram! Esse pode ser o início de um relacionamento verdadeiro com o *self*, possibilitando também relacionamentos plenos com os outros.

Como o vício é apenas um sintoma, o objetivo quando se trata de vícios é fazer o que for preciso para eliminar a causa. E a causa é sempre a dor – a dor de não se sentir digno do amor. Quando você embarcar em sua jornada de autodescoberta, vai experimentar altos e baixos, com uma *tendência geral ascendente* de sentir-se cada vez mais confiante. E, então, um dia vai conhecer e sentir uma mudança definitiva em comparação com antes. Coisas que costumavam colocá-lo em um turbilhão emocional não terão mais esse poder. Quando entrar na fase de despertar, vai continuar a sentir um profundo senso de realização.

Na minha experiência, em qualquer tipo de transformação profunda, você demora cerca de dois a três anos de desenvolvimento da consciência para obter os resultados que deseja. Não precisa esperar tanto tempo para ter pequenas vitórias, mas as grandes transformações levam mais tempo. Milagres às vezes acontecem quando alguém só reza e se transforma, mas esses casos são poucos e distantes entre si, pois normalmente são apenas um trabalho constante de amor. É um processo inspirador ao longo da vida que traz satisfação e alegria. Na verdade, trata-se de um processo bastante agradável, depois que você o entende. Então, por que queremos acelerá-lo?

Estou comentando sobre isso porque, muitas vezes, as pessoas são impacientes, se sentem deprimidas ou sentem que estão fazendo algo errado, porque algo não está acontecendo tão rapidamente quanto elas pensam que *deveria*.

Ter autoconhecimento profundo é importante se você quer se transformar. Quanto mais profundas as feridas, mais provável é que você precise de um terapeuta no início da jornada de despertar; quando está realmente com medo de não ser digno de amor, simplesmente falar sobre si mesmo e sobre sua vida pode ser difícil. Depois que tiver superado mais esse obstáculo, estará pronto para avançar para métodos mais desafiadores de confrontar a si mesmo. Uma vez que você estiver nessa fase, passará por transformações mais rápidas. Na minha opinião e experiência, acredito que o Método Demartini, a NET e a Supercondutividade são algumas das técnicas mais diretas de enfrentar a si mesmo, que vão aumentar rapidamente o seu senso de valor próprio.

A seguir, estão algumas perguntas específicas que vão ajudá-lo a transformar vícios em amor-próprio e que você vai se beneficiar de responder como parte de sua estratégia geral:

1. Quais são/foram os benefícios de seu vício?
2. Quais teriam sido os inconvenientes para si mesmo e para os outros se você não tivesse sido viciado?
3. Liste pelo menos cinquenta vantagens em ter esse vício.
4. Como você se beneficiou em cada ambiente?

Se você estiver realmente preparado contra o vício, sua reação imediata será que *não há nenhum benefício*. Se começamos com a premissa de que os vícios são maneiras de lidar com a dor, você já tem um benefício. Descobrir por que tinha o vício vai ajudá-lo a diminuir a carga e o domínio que ele tem sobre você. Há sempre uma razão pela qual fazemos o que fazemos, mesmo que pareça negativa do lado de fora.

Toda ação é baseada na crença de que vamos obter algo que consideramos bom. Às vezes, as pessoas dizem que "foi apenas autossabotagem", e eu digo que mesmo assim você estava procurando algo de bom na autossabotagem. Algo nela era *bom* para você, tal como a liberdade, por exemplo – não ter que lidar com outra coisa que o assuste ainda mais, menos responsabilidade, receber atenção, punir alguém etc.

Se pedíssemos a uma viciada em compras que procurasse os benefícios de seu vício, ela poderia dizer uma das seguintes opções: foi uma maneira que encontrei para me sentir melhor quando estava muito para baixo e deprimida, e não conseguia encarar a vida de outra forma; não utilizei alimentos ou substâncias químicas para me sentir melhor, por isso foi mais fácil para o meu corpo e minha saúde; comprei roupas bonitas e ganhei elogios que compensaram temporariamente pelo jeito como eu estava me sentindo; tive que aprender a lidar com os credores, então isso me obrigou a aprender sobre finanças; busquei empregos mais bem remunerados que me desafiavam mais e faziam com que eu me esforçasse mais, para que pudesse manter meu estilo de vida, e assim por diante.

Talvez você tenha conseguido empregos, relacionamentos ou outros tipos de oportunidades que não teria sido capaz de atrair de outra forma? O que aprendeu com essa experiência? Talvez tenha aprendido em um nível profundo que sentir-se bem não vem de fora? E isso o enviou em uma busca espiritual?

À pergunta "Quais teriam sido os inconvenientes se eu não tivesse sido viciada em compras?", você pode ter respondido: "Sei que teria tido outro tipo de vício para me ajudar a lidar com isso", por exemplo. Seja preciso no seu próprio caso – você sabe suas outras maneiras favoritas de se entorpecer: poderia ter prejudicado o seu corpo; poderia ter tido um colapso nervoso, e isso teria sido muito difícil para o seu filho/relacionamento; poderia ter perdido o seu emprego; não teria tido a experiência de saber em um nível profundo que nada de fora pode fazer com que você se sinta melhor, se você já não sentir isso no seu interior; os desafios financeiros o obrigaram a enfrentar algo que você nunca teria enfrentado de outra forma; não teria conhecido as pessoas lindas que o estão ajudando a sair dessa situação, e assim por diante. Esses são apenas alguns exemplos; seja específico para a sua situação.

Continue escrevendo respostas para essas perguntas até chegar ao momento *Eureka!*. Se você não chegar lá, é porque ainda não encontrou o suficiente. Continue procurando nos ambientes certos. Às vezes, o momento *Eureka!* acontece porque você escreveu tantas respostas diferentes que elas se completam entre si para lhe proporcionar a transformação. Às vezes, uma resposta realmente faça sentido. Portanto, continue escrevendo até sentir a transformação. Se você não senti-la, é porque ainda não terminou. Continue pedindo ao seu eu superior que o oriente e ajude a ver a perfeição, e você conseguirá.

Agora que você começou a neutralizar os sentimentos que podem afetar sua autoestima tendo a compreensão de como eles lhe serviram, precisamos encontrar estratégias diferentes para obter benefícios semelhantes que estejam mais de acordo com o seu coração. Por exemplo: se você estivesse fazendo compras porque precisava se sentir bonito, rico, bem-sucedido ou poderoso, quais ações poderia começar a tomar hoje para ajudá-lo a se sentir da mesma forma, mas a partir de uma perspectiva que traga mais confiança?

Meditação

Acredito que o fator mais poderoso para conseguir qualquer coisa que desejamos é a intensidade do desejo: ele é a engrenagem do mecanismo de apoio e desafio.

Se você puder sentir e verificar como seria experimentar a plenitude, ela vai lhe dar mais intensidade, coragem e inspiração para entrar em ação. A meditação é uma grande ferramenta para ajudar na transformação.

Sente-se em uma cadeira confortável, com os pés apoiados no chão, em um ambiente silencioso. Respire profundamente algumas vezes e se imagine no cenário que você gostaria de experimentar. Imagine e se sinta exatamente como você gostaria de se sentir quando estiver conectado ao seu coração nos diferentes ambientes/espelhos de sua vida. Crie cenários diferentes no trabalho e em casa. Como você se sente em seu corpo? O que vê, ouve, cheira e sente? Brinque com isso.

Faça essa meditação quantas vezes puder. Quando estamos acostumados a um cenário, perdemos o medo. Também é muito mais fácil estar em sintonia com o que vai trazer a você exatamente os resultados que deseja. Isso o ajuda a conhecer as pessoas certas, ter as experiências certas e pensar nas coisas certas para atingir seus objetivos.

Oito

Relacionamentos: duas conversas com o coração

Amor é querer o melhor para outro ser e ao mesmo tempo respeitar as nossas necessidades.

(Lise Janelle)

Não se pode escrever um livro sobre conversar com o coração sem um capítulo especial sobre relacionamentos. Para viver relacionamentos plenos, você precisará lidar com a causa número um dos desafios nos relacionamentos: o medo. Mais especificamente, aquele medo profundo de que há algo de errado conosco e que jamais seremos capazes de sermos amados da forma que queremos. O medo oscila entre dois opostos polares: o medo de ser abandonado e o medo de ser engolido. E a arte do amor consiste em aprender a ajustar esses dois medos. Os medos nos colocam em uma montanha-russa emocional que nos afasta de nossos corações, e torna impossível amar e sentir-se amado. Experimentamos grandes alegrias e depressões por causa deles.

Os relacionamentos são inspiração para muitas canções, romances e filmes. Eles são oportunidades perfeitas para crescer e aprender lições sobre como se conectar com o coração. Esse é um ótimo jogo a ser jogado! Acredito que os relacionamentos são uma das formas mais poderosas que temos na condição de seres humanos para estimular o crescimento espiritual, porque nossa forma de nos conectar à alma é por meio do amor por si mesmo e pelos outros.

Se Deus é amor, então aprender a amar incondicionalmente é uma das maiores conquistas espirituais que podemos alcançar: isso é especialmente válido quando lidamos com relacionamentos difíceis. A maioria de nós procura relacionamentos para nos fazer felizes e nos dar aquilo que não conseguimos dar a nós mesmos. Mais cedo ou mais tarde, descobrimos que ninguém de fora pode nos fazer sentir mais amor do que o que temos por nós mesmos.

Muitos de nós passam bastante tempo pensando em relacionamentos, vivendo-os e questionando seu significado. No geral, experimentamos grandes paixões, grandes mágoas e lições de humildade que nos levam a ser pessoas mais sábias, se escolhemos aprender em vez de ficar cansados do amor.

Os diagramas a seguir respresentam três tipos diferentes de relacionamentos.

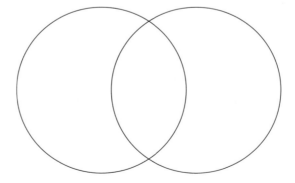

Dois círculos que se intersectam: representam um relacionamento maduro e com amor consciente, composto de duas pessoas que amam e respeitam a individualidade uma da outra, mas que decidiram unir suas vidas, tendo metas e aspirações em comum. Elas sabem que vão enfrentar períodos fáceis e difíceis, e se dedicam a aprender e a crescer como um casal. Reconhecem que ambas têm pontos fortes e fracos. Estão dispostas a enfrentar os desafios e a se aproximarem com o tempo, à medida que aprofundam a confiança que têm entre si.

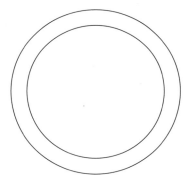

Dois círculos, um sobre o outro: paixão. Essa é a representação de como a maioria de nós imagina um relacionamento quando não conhecemos o amor. Ela representa um relacionamento imaturo e o primeiro que tivemos na vida, aquele com a primeira pessoa que cuidou de nós, que na maioria das vezes é a nossa mãe. Ela representa necessidade *versus* amor.

Inconscientemente, até o momento em que acordamos e percebemos que aquilo não nos trará satisfação, então, a maioria de nós procura: uma mamãe! Precisamos que alguém do lado de fora nos faça sentir como se fôssemos dignos de amor, que nos faça felizes e que faça tudo o que quisermos na hora que quisermos. Esse é o papel dos nossos cuidadores, que tiveram que se sacrificar por nós durante os primeiros anos de nossa vida. Mas não é aconselhável em uma situação de longo prazo e enfraquece a capacidade de uma criança de enfrentar os desafios da vida. É ainda menos sábio em um relacionamento amoroso, já que a única maneira de manter uma relação desse tipo é se um dos dois desistir das próprias necessidades: um ou ambos os parceiros têm que abandonar uma grande parte das próprias necessidades para satisfazer o outro.

Tal relacionamento gera o medo de ser engolido ou de perder a própria identidade. Acredito que esse é um motivo comum pelo qual os casais, muitas vezes, encontram desafios em amar um ao outro e fazer amor um com o outro. Eles podem fazer uma coisa ou a outra, mas as duas ao mesmo tempo... é assustador demais. Uma vez que os parceiros começam a viver um relacionamento mais conscientemente amoroso, conseguem se sentir seguros o bastante para amar um ao outro com o coração aberto e para fazer amor.

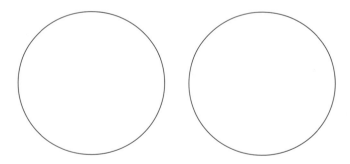

Dois círculos separados: ressentimento. Esse é o resultado de tentar alcançar o relacionamento citado anteriormente. Mais cedo ou mais tarde, acontecerá uma grande discussão, ou o casal vai se separar. Eles podem continuar juntos, mas apenas pela necessidade de segurança, dinheiro, pelos filhos, ou porque têm medo de nunca mais ser capazes de encontrar outro amor, o que é derivado do seu sentimento de não ser digno de amor. Se tiverem amor suficiente um pelo outro, podem começar a trabalhar em amar um ao outro de verdade.

O casal dura enquanto a necessidade estiver presente. Eles não estão dispostos a se concentrar em seus desafios. Distanciam-se com o tempo. Geralmente, essa é uma boa lição.

O desafio com relacionamentos amorosos íntimos é que a nossa primeira experiência de intimidade é com os nossos pais, especialmente a mãe. Quando o sino pavloviano toca, voltamos à realidade emocional de quando éramos crianças. Se o nosso parceiro não nos faz felizes, ficamos magoados e bravos. Tendemos a fazer isso especialmente com relacionamentos amorosos por causa da intimidade, mas em qualquer relacionamento pode *soar o sino*.

Em relacionamentos amorosos, muitas vezes nos tornamos infantis e esquecemos de ouvir o coração e fazer o que for preciso para satisfazer os seus desejos em todos os oito ambientes. Também esquecemos que precisamos pensar na outra pessoa. Uma criança não pensa no que seria bom para a sua mãe; ela pensa no que a mãe pode dar a ela. Para poder amar conscientemente em nossos relacionamentos, precisamos crescer.

Pelo que observei, parece que os relacionamentos mais saudáveis são aqueles nos quais cada um dos parceiros possui uma vida plena por si próprio. Eles são amigos e amantes de verdade um para o outro. São um só no sentido de compartilhar metas em comum e valores fundamentais importantes, mas se aceitam como dois indivíduos separados um do outro.

Muitas brigas ocorrem nos relacionamentos porque tentamos fazer com que a outra pessoa leve embora a nossa dor, em vez de nós mesmos lidarmos com ela. Quando um relacionamento não está funcionando, as pessoas tentam fazer com que seus parceiros mudem e se tornem mais parecidos com elas, para que possam ser felizes. Mas, assim como as energias do *yin-yang*, isso deve estar sempre equilibrado. Por exemplo, quanto mais emotiva uma pessoa for, mais o seu parceiro precisará se desligar e pensar racionalmente. O equilíbrio na polaridade deve ser sempre alcançado. Quanto mais alguém for *yin*, mais criará um parceiro *yang* oposto e perfeito. Nenhum deles está certo ou errado, estão em perfeito equilíbrio.

Na maioria das vezes, os parceiros não têm essa visão, e querem que o outro mude. Isso nunca funciona. Por exemplo, a única forma de mudar o seu parceiro e fazer com que ele seja mais emocional é aceitando que você precisará ser mais racional, para contrabalancear a mudança. Se você não estiver interessado em ser mais racional, não espere que o seu parceiro se torne mais emocional. Quando as pessoas tomam consciência disso, torna-se mais fácil aceitar a personalidade do parceiro.

O ingrediente-chave para relacionamentos saudáveis é, naturalmente, uma conexão com o coração. O desafio é que muitos de nós prometeram a si mesmos que jamais se machucariam de novo, e não damos chance ao amor verdadeiro. Nós nos desconectamos do próprio coração. Tentamos viver de forma plena e satisfatória, mas estamos vivendo com medo de sofrer – esse é um jogo impossível de se vencer!

A razão pela qual tememos sofrer de novo é porque, bem no fundo, pensamos que isso provaria que não merecemos ser amados. Esse medo é tão poderoso que impede muitas pessoas de se colocarem em situações nas quais precisariam testá-lo. Ainda que a mágoa pareça ter vindo de algo que foi feito conosco, a verdade é que no fundo não sentimos que merecemos ser amados. E é isso que machuca de verdade: a dor faz com que não nos sintamos dignos de amor, e a sentimos porque não vemos a situação como um todo, não enxergamos os benefícios que a dor e os desafios podem trazer.

É bem fácil e rápido se livrar da dor seguindo os princípios do Método Demartini. Não vou discutir isso em detalhes aqui, mas vou explicar alguns dos princípios dele.

Para desfazer a dor, precisamos entrar em contato com o coração. Jamais conseguiremos fazer isso enquanto formos hipócritas no sentido de: "Eu *jamais* teria feito o que fizeram comigo que me machucou tanto". Então, em primeiro lugar, precisamos admitir que fizemos as mesmas coisas que nos machucam ou nos deixam com raiva de outras pessoas. Precisamos encontrar quem ao nosso redor se sente da mesma forma que nós por causa das nossas ações ou da nossa inércia.

Quando admitimos que alguém pode se sentir da mesma forma por causa de nós, é muito mais fácil entender que a outra pessoa não estava tentando nos magoar. Ela estava simplesmente ocupada com seus próprios assuntos, assim como nós. Essa é a chave.

Quando fazemos isso, conseguimos abrir nosso coração mais facilmente. O próximo passo é descobrir como a nossa ação ou inércia nos serviu: fazendo com que a dor desapareça instantaneamente. Não resta mais dor.

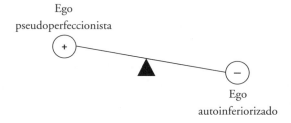

É impossível abrir o coração quando somos pseudoperfeccionistas ou quando nos inferiorizamos, porque esse é o domínio do ego. A razão pela qual nos comportamos de forma pseudoperfeccionista é que, bem no fundo, sabemos que nos sentimos inferiores. Quanto menos nos sentimos dignos de algo, mais tentamos ser melhores do que isso. Por isso é tão difícil admitir que fizemos alguma coisa de que não gostamos a outra pessoa. Isso exige que desçamos do pedestal que criamos para equilibrar o sentimento de falta de valor.

É bem assustador se, além do sentimento de falta de merecimento que temos, acrescentamos a possibilidade de ter feito, de fato, essa coisa que odiamos tanto. Precisamos descer do pedestal até o chão, temporariamente, para poder reequilibrar o meio. Quanto menos merecedores nos sentimos, maior é o pedestal, e mais difícil é de descer dele. A transição é muito assustadora, mas bastante satisfatória para o coração no momento em que está feita. Quando amamos quem somos (+/−), não nos sentimos pressionados a ser apenas positivos. É muito mais fácil admitir a nós mesmos quando agimos da forma que condenamos. Logo, esse exercício se torna mais fácil conforme o praticamos. Cada vez que o realizamos, aumentamos o nosso senso de valor próprio e tornamos mais fácil espreitar o nosso lado de escuridão e admitir que ele existe.

Apenas quando admitimos que fizemos ou não tudo aquilo que julgamos em outra pessoa é que podemos abrir completamente o coração. Quando estamos conectados com o coração, nos sentimos inteiros, plenos e amados, o que por sua vez nos permite experimentar relações amorosas com outras pessoas.

Você se lembra do capítulo "Você atrai, cria ou se transforma em tudo aquilo que você não ama"? Tudo aquilo que julgamos no outro (de positivo ou negativo) nós temos dentro de nós, caso contrário, não nos irritaríamos se estivéssemos em paz com isso. Isso não nos deixaria chateados ou eufóricos. Quando admitimos que fizemos aquilo que julgamos, parece certo em nosso coração: estamos livres! É como se um peso fosse tirado de nossas costas. Não ficamos mais presos ao nosso ego. Não precisamos mais tentar ser outra pessoa, e podemos simplesmente ser nós mesmos. E o mais libertador é que, quando descobrimos como o que fizeram ou não para nós nos serviu, é muito mais fácil perceber que aquilo que fizemos ou não também serviu.

Alguns de vocês estão pensando agora: "Não, isso não é verdade, não sou igual ao meu pai ou à minha mãe. De jeito nenhum fiz as mesmas coisas que eles". Aqui vai um exemplo de algo que você pode ter julgado com severidade em outra pessoa, mas por fim acabou recriando: alcoolismo. Às vezes, é fácil; você mesmo pode ser um alcoólatra. Ou viciado em drogas. Se você não consome bebidas alcoólicas ou não usa drogas, vai pensar: "Eu não bebo, por isso não sou como eles". É aí que você precisa se aprofundar na característica para ver o que ela significa para você. Pode ser que, para você, *alcoólatra* signifique alguém fora de controle, viciado, irresponsável, raivoso, depressivo, violento etc. Descubra o que isso significa para você e em qual lugar da sua vida (lembre-se do capítulo sobre vícios) você reproduz esses traços com a mesma intensidade. Nem menos, nem mais; na mesma medida.

Se for honesto, vai descobrir quando fez a mesma coisa; talvez com um mecanismo diferente, mas exatamente com o mesmo resultado. Tornar-se mais humilde é o primeiro passo, porque permite abrir o coração. Uma vez que você entender a perfeição da situação, seu coração poderá se abrir completamente, e você sentirá gratidão. A gratidão faz com que você se sinta completo, pleno e amado, o que por sua vez permite que você tenha relacionamentos amorosos com os outros.

Nosso ego definitivamente não gosta quando começamos a fazer esse exercício, mas, então, assim que passar pelo ponto de virada, você começará a se libertar e a se sentir bem por dentro. Portanto, precisa ter coragem e saber sem sombra de dúvidas que, não importa o que tenha feito, você merece ser amado. As primeiras vezes que você fizer isso serão difíceis, mas rapidamente se tornará mais fácil encarar o seu lado de escuridão, se aceitar e se libertar.

A falta de pontualidade é outra característica que você pode pensar que não tem. Você pode dizer: "Nunca me atraso, sempre chego na hora". Mais uma vez, você precisaria se perguntar o que significa "estar atrasado" para você. Talvez você pense que fazer as pessoas esperarem é falta de respeito, ou que quem faz isso se acha mais importante do que você. Descubra *quem* pensaria isso de você. Quando já fez alguém esperar? Pode ser que sempre prometa fazer algo em sua vida que está demorando uma eternidade para começar. E, mais uma vez, precisa descobrir quem pensa isso a seu respeito. Quando chateou alguém que se sentiu desrespeitado? Em que situação uma pessoa sentiu que as suas necessidades eram mais importantes que as delas?

Você precisa anotar o tanto de situações que for necessário para equilibrar a carga e descobrir como você manifestou a mesma característica com exatamente a mesma intensidade. Esse é um exercício de humildade que nos liberta muito rapidamente! Ser humilde não significa falar sobre o nosso lado iluminado ou as nossas conquistas. Ser humilde significa ser capaz de reconhecer e falar sobre tanto o nosso lado de *luz* quanto o nosso lado de *escuridão*.

Se você vê a humildade dessa forma, isso indica que você tem um bom senso de valor próprio. As pessoas mais poderosas que conheci são muito humildes, pois pessoas poderosas se tornam poderosas enfrentando grandes desafios. Por meio desses desafios, enfrentaram e reconheceram o seu lado de luz e de escuridão, e o seu verdadeiro valor. Elas não precisam se gabar ou se sentir importantes, são simplesmente elas mesmas. Quando um indivíduo tem necessidade de se gabar ou de ser pseudoperfeccionista, ele ainda não se integrou. Não está em sintonia com o coração. Quando alguém realmente aborrecido com outra pessoa insiste que eles não têm a mesma característica, sei que, quando ele se tornar mais humilde, receberá um presente maravilhoso. Descobrirá algo sobre si mesmo que não conhecia antes. Enxergará mais de si mesmo, o que o tornará mais humilde e o ajudará a se tornar mais forte.

Quando aceitamos completamente quem somos, nos amamos e nos sentimos seguros por dentro. Quando uma pessoa aceita

Conversando com o coração

completamente o seu lado de luz e de escuridão, ela irradia uma certa energia que é muito carismática. Irradia uma luz interior produzida pela integração do seu lado de luz e de escuridão: o seu *yin-yang*.

Ame-se e seja desperto
Hoje, amanhã, sempre.
Primeiro, estabeleça-se no caminho,
Então, ensine os outros,
E então, derrote o pesar.
Para endireitar o torto,
Você deve primeiro fazer algo mais difícil:
Endireitar-se.
Você é o seu único mestre.
Quem mais?
Subjugue-se,
*E descubra o seu mestre**.

As características positivas são igualmente importantes para examinar e descobrir em que situações você as manifesta com a mesma intensidade. Por exemplo, digamos que você achava que alguém era um bom cozinheiro. Mas você não cozinha, então teria que ver o que significa para você pensar que alguém cozinha muito bem. Talvez isso invoque um sentimento de cuidado, calor, conforto. Assim, teria de descobrir quem pensa em você dessa forma. Em que situações você faz as mesmas coisas? Quando você admitir a si mesmo que tem o mesmo traço positivo, mas talvez apenas de outra forma, precisará analisar as desvantagens. A beleza em ver as desvantagens de algo que consideramos um benefício é que nos ajuda a ganhar sabedoria e a agir, em vez de reagir. É bem fácil passar muito tempo

---

* Adaptado de *Dhammapada* ou *O caminho do Dharma* (N.T.).

fazendo algo que consideramos somente *bom*, porque não olhamos para a situação como um todo.

O lado de escuridão do lado de luz é sempre igual e oposto, da mesma forma que existem sempre vantagens e desvantagens. Por exemplo, no caso de alguém ser um bom cozinheiro, quais seriam algumas das desvantagens? Bem, talvez tenhamos associado comida ao amor. Comemos quando estamos deprimidos, e agora temos um problema de peso que nos impõe desafios na área da saúde. É muito importante saber que, para cada ação, existe uma reação igual e oposta. A maioria das pessoas já ouviu falar que há um lado positivo em toda situação difícil. Mas a maior parte delas não pensou que o oposto também é verdade. Assim como o símbolo *yin-yang*. É importante saber disso, pois, caso contrário, podemos nos tornar hipócritas quando não vemos o lado negativo das nossas *boas* ações.

Quando você aceita o seu lado de luz e de escuridão, e entende as vantagens e desvantagens de uma característica, se cura rapidamente; na verdade, instantaneamente. Depois de ter feito esse processo com centenas de traços que você tenha julgado bons ou ruins, percebe que não precisa mais se proteger. Se tentamos nos proteger, estamos nos impedindo de sentir o nosso coração. Isso assegura que vivamos insatisfeitos e *magoados*. Como um dos meus clientes (Jason Baptiste, campeão canadense de kickboxing) disse uma vez muito sabiamente: "A necessidade de segurança é garantia de mágoa".

Experimentamos apenas as emoções do medo quando somos incapazes de ver a perfeição em uma pessoa, ideia, coisa, lugar ou situação. A perfeição não experimenta somente o lado de luz, de prazer ou positivo de algo. Ela é encontrada no equilíbrio perfeito entre positivos e negativos. Com essa definição de perfeição, tiramos a pressão de nós mesmos e dos outros. Perfeição é amor. O amor é estável e sábio; as emoções acontecem quando vemos mais dor que prazer ou mais prazer que dor. Enfrentar desafios em nossos relacionamentos não é divertido para a nossa parte humana emocional. No entanto, faz parte do grande plano espiritual que nos ajuda a expandir a nossa consciência e compreensão do amor.

Viver uma vida plena de acordo com o coração exige um desejo intenso e a coragem de lidar com o que vem em nossa direção, tendo compreensão de que apoio e desafio iguais estão sempre presentes.

Assim como todo mundo, sei por experiência própria que, quando um incidente desafiador acontece, ele nos machuca no começo. Como seres humanos, não escolheríamos as lições espirituais que nos são enviadas na maioria das vezes. Ninguém gostaria de ter uma rocha de uma tonelada em cima das pernas por dois dias, por exemplo. Os princípios são simples, mas, dependendo do tamanho do desafio, é necessário mais tempo e coragem. Quanto maior o desafio, mais sabedoria precisamos para nos afastar da dor. Mas, quando você conhece esses princípios, algo que levaria anos para curar levará apenas meses, semanas ou dias.

Muitos dos meus clientes me disseram que, depois das sessões de *coaching*, conseguiram ficar em paz muito mais rapidamente ao enfrentar situações desafiadoras. Sentar e analisar os benefícios de uma crise requer disciplina, porque as emoções estão a todo vapor dentro de nós, mas torna a vida muito mais fácil em longo prazo. Cada vez que criamos coragem para fazer isso, ganhamos mais certeza da perfeição, e ela nos ajudará a lidar com a dor de forma mais rápida da próxima vez em que enfrentarmos uma decepção.

Muitas vezes em que trabalhei com grupos, fiz a seguinte pergunta: "Quem aqui não se sentiu sozinho enquanto crescia?". Descobri que a maioria das pessoas se sentia sozinha e incompreendida enquanto crescia. Diziam frequentemente que se sentiam como *alienígenas,* vivendo em meio a pessoas que pareciam se preocupar com todos, menos com elas. É muito confortador para uma pessoa ouvir que ela não era a única que se sentia sozinha enquanto crescia, e que não há nada de errado com a sua experiência de vida. A razão pela qual a maioria das pessoas se sentem sozinhas é porque, assim que se sentem magoadas, fecham seu coração. É impossível sentir-se conectado aos outros quando estamos desconectados de nós mesmos.

Não podemos ser o centro do universo o tempo todo, que é o que toda criança gostaria de ser. Mais cedo ou mais tarde, acontece: acabamos não nos sentindo mais importantes que os outros. É impossível ser o centro das atenções o tempo todo. Nossos pais teriam que abandonar as suas próprias vidas. Ainda assim, precisariam estar em completa sintonia com a criança e com as suas necessidades emocionais o tempo todo, não ir trabalhar ou cuidar da casa e dos outros filhos, e não lidar com a própria bagagem emocional. É impossível fazer com que outra pessoa se sinta *vista* e compreendida quando estamos lidando com a nossa própria tempestade emocional. Apenas quando estamos presentes no amor, e a outra pessoa também está, podemos sentir, ver e ser ouvidos.

Quando a criança sai de casa para ir à escola, certamente já não se sente mais especial que as outras crianças. Isso é algo muito difícil de lidar. Tive clientes que, quando foram para o jardim da infância, ficaram muito tristes e se sentiram inadequados, porque não eram mais especiais. E isso fez com que eles sentissem todos os tipos de ansiedade em relação a fazer parte de grupos.

A razão pela qual nos sentimos solitários, ou sozinhos, não tem relação com o fato de ter ou não pessoas ao nosso redor, mas acontece porque fechamos o coração. Quando nosso coração está aberto, nos sentimos conectados a tudo e a todos e que fazemos parte da vida e do amor.

Como seres humanos, tendemos a nos lembrar mais de coisas que são dolorosas do que de coisas que foram agradáveis. Tiramos uma conclusão sobre o nosso valor com base na nossa falta de compreensão: não temos uma visão geral das coisas, do *yin-yang* da situação. Isso fecha o coração e faz com que nos sintamos solitários. Sentir-se solitário é um ciclo vicioso. Quando nos sentimos solitários, não somos muito atraentes. Não atraímos as pessoas, e isso reforça a sensação de solidão. Tememos perder o amor quando finalmente o conseguimos. Tornamo-nos assim, e pessoas carentes geralmente acabam sozinhas, porque são irritantes. Pessoas carentes, muitas vezes, se prendem a relacionamentos insatisfatórios. Têm medo de que, sem eles, elas fiquem sozinhas para o resto da vida.

O caminho para sair desse ciclo de solidão é abrir o coração e ver o nosso valor. Você pode estar em uma grande reunião de família e se sentir completamente sozinho, se o seu coração estiver fechado. Pode estar em uma floresta sozinho e se sentir completamente conectado, se o seu coração estiver aberto: sentir-se amado e conectado é algo que parte de nós mesmos.

Como adoro viajar e tenho um negócio próprio, viajo com bastante frequência, mesmo sem meu parceiro ou meus amigos, porque eles estão ocupados vivendo suas próprias vidas. Quando aprendi o princípio da solidão e abri meu coração, tornando-me grata e apreciando o momento, parei de me sentir solitária. Quando me mantenho aberta, sempre conheço pessoas interessantes e/ou me conecto à experiência que estou vivendo, e não me sinto sozinha. Tive um relacionamento a longa distância por muitos anos, me forçando a manter meu coração aberto, para não ficar ansiando o tempo inteiro. Se você se sente sozinho agora, separe um tempo para se centrar: inspire e expire profundamente, lembre e sinta os momentos em sua vida pelos quais você foi grato, quando você estava amando e se sentiu amado. A solidão vai embora.

Os relacionamentos não são apenas os amorosos. Nós nos relacionamos com a nossa família, colegas de trabalho, na escola e em situações sociais. Qualquer relacionamento que nos dê a oportunidade de encarar um espelho ilumina os nossos pontos cegos. As pessoas são facilmente capazes de fazer uma lista de qualidades e defeitos, mas ainda há aspectos nos quais somos cegos ou *inconscientes*. Isso não é o mesmo que uma resposta pavloviana. "Inconsciente" aqui significa desconhecer, porque às vezes é difícil saber quem somos de verdade. É como olhar em um espelho: é fácil ver o lado da frente, comparado ao lado de trás. Se você instalar uma série de espelhos, será mais fácil conseguir ver tudo. O mesmo vale para a nossa consciência: ela está limitada a quantos espelhos temos, e é isso que os relacionamentos fazem por nós. Quanto mais pessoas à nossa volta, mais espelhos. Eles podem nos dar uma perspectiva melhor de nós mesmos e são de grande ajuda quando podemos lê-los ou decifrá-los.

No fim deste capítulo, incluí um exercício de minha criação chamado "O Processo de Liberdade Extrema", porque é preciso muita coragem para se desapegar do ego e realmente ser você mesmo. Costumava chamar esse exercício de "Sedex do Universo", porque as coisas que nos incomodam em outras pessoas são uma mensagem do Universo. É uma *entrega especial*, feita para nos ajudar a descobrir onde temos um bloqueio no caminho para o nosso coração. Quando separamos um tempo para decifrar para onde a dinâmica

CONVERSANDO COM O CORAÇÃO

está apontando, isso nos guia gentilmente em direção ao próximo passo do nosso processo evolutivo.

Quando você utilizar esse processo, verificará que estamos realmente conectados e que não existem coincidências. No meio científico, existem muitas teorias sobre como a realidade em que vivemos é, na verdade, criada. Uma das teorias é a do *universo holográfico*. Se você quebrar um holograma, cada parte dele terá a imagem do todo. Acredito que essa é a razão pela qual o que vemos em outra pessoa é o nosso próprio eu. Os traços que vemos nos outros são nossos traços. São representações holográficas de nós mesmos, que nos incomodam enquanto não os enfrentamos dentro de nós. Estão em nossa realidade porque estamos em ressonância com eles.

Nossos ambientes são representações de nós mesmos, assim como os nossos relacionamentos. Essa é uma teoria, e não sei dizer ao certo se ela é a razão de o Processo de Liberdade Extrema funcionar, mas ele funciona. Não tome minha palavra como verdadeira. Aplique-o, e você verá os pequenos milagres que acontecerão quando o fizer.

Um dos meus clientes estava reclamando que seu filho não vivia em seu pleno potencial. Ele estava tomando o caminho mais fácil, em vez de estudar e chegar mais ao nível de criar uma boa vida para si mesmo. Nesse meio-tempo, meu cliente sentia que ele mesmo era responsável e que estava fazendo um bom trabalho, criando seus filhos sozinho e mantendo o seu trabalho. Quando lhe perguntei qual era o problema do seu filho resumidamente, ele disse que o filho não estava levando a vida a sério e não compreendia as consequências que isso teria em seu futuro. Quando lhe perguntei qual era a solução, ele disse que o filho precisava se concentrar e ser mais proativo, ter mais disciplina, ir à escola e simplesmente fazer mais. Então, perguntei: "Em que área da sua vida você faz a mesma coisa?". A resposta dele foi, naturalmente, que ele não fazia o mesmo. Ele, o pai, tinha ido à escola, estudado muito e conseguido se sair muito bem.

Essa é a parte do ego, que geralmente aparece no início, quando fazemos esse exercício. Ele cria os pontos cegos. Quando discutimos sobre isso um pouco mais, ele percebeu que, como o seu filho, ele tinha se acomodado em sua própria vida nos últimos dez anos. Sua esposa tinha morrido há dez anos, e ele precisava de toda sua energia só para manter a família unida e a carreira estável. Estava indo bem, mas não estava indo tão bem quanto gostaria.

Percebeu que seu filho, também, precisava de um tempo de luto para superar o que aconteceu com eles. Ambos estiveram em modo de sobrevivência, o que é compreensível, até que encontraram seu caminho para fugir das emoções. Ele só tinha estado à deriva, assim como o próprio filho. Essa foi uma boa descoberta para ele. Eles estavam em rotas paralelas. O que o pai queria que seu filho fizesse era o que, no fundo, ele precisava fazer para si mesmo. Isso deu ao pai mais paciência com o filho, pois não podia se sentir desapontado com ele, já que tinha feito exatamente a mesma coisa. A revelação lhe deu o combustível de que precisava. Sabia que, se seguisse com seu próprio trabalho, provavelmente inspiraria seu filho.

Não trabalhe para a minha felicidade, mostre-me a sua.
Mostre-me que é possível. Mostre-me sua realização,
e o conhecimento vai me dar coragem para a minha.

(Ayn Rand)

Outro cliente veio até mim com um desafio semelhante. Trouxe seu filho de sete anos, porque estava chateado com ele. A criança não acreditava em si mesma na escola, e o pai estava com receio de que ele não se saísse bem. Queria que eu o ajudasse a ter mais autoconfiança. Quando começamos a fazer o processo juntos, era bastante óbvio o que o pai pensava que era o problema. No momento da solução, ele disse: "Ele só precisa saber que é inteligente, que pode se dedicar a tudo aquilo que quiser".

O engraçado era que eu tinha pedido ao meu cliente que preparasse um esboço bem simples para seu novo negócio, e ele estava enrolando para fazê-lo. Então, quando perguntei se ele não estava agindo igual ao filho, ambos rimos, pois ele não tinha feito sua lição de casa! Quando perguntei por que ele não tinha feito o esboço, disse que era porque estava com medo e não sabia como. Quando lhe disse: "Você só precisa saber que é inteligente, e que pode se dedicar a tudo aquilo que quiser", ele sabia o que eu estava tentando dizer. Disse a ele que, se começasse a fazer o que ele queria que seu filho fizesse, causaria um impacto no menino e o ajudaria a acreditar em si mesmo. Ele ficou realmente motivado, e veio para a consulta seguinte com seu dever de casa feito. Teve orgulho em fazê-lo, estava inspirado em fazê-lo, e isso causou um impacto positivo em seu filho e seu relacionamento.

Os relacionamentos amorosos são um ambiente muito intenso e perfeito para aprender sobre nós mesmos e a quantidade de autoestima que temos. Certa vez, uma nova cliente veio até mim e disse: "Estou terminando o meu terceiro casamento, e há uma constante em todos eles: eu! Acho que preciso lidar com isso de uma vez por todas!". Gostei dela imediatamente pelo seu senso de humor, mas também sabia que não precisaria convencê-la de que ela participou na dinâmica da relação.

Como o que atraímos para o nosso redor é uma reflexão de nós mesmos, quando nos *apaixonamos* por alguém, esse alguém sempre corresponde à quantidade de amor-próprio que temos no momento. Isso é o que vejo como o propósito dos relacionamentos, especialmente os românticos: eles acontecem para nos ensinar a amar mais a nós mesmos, para que possamos refletir esse amor para os outros.

Estou certa de que essa é a química que sentimos quando nos apaixonamos por alguém. Se você alinhasse vinte espécimes perfeitos do que você considera ideal, talvez haveria uma pessoa dentre todas que se destacaria para você. Essa seria a pessoa que lhe daria mais oportunidades para curar as feridas do seu passado. Sabemos disso inconscientemente, mesmo que nunca tenhamos trocado uma palavra com a pessoa.

Como faço trabalhos de mente/corpo, isso não é apenas uma teoria para mim, porque já vi presenciei muitos casos. Trata-se de algo que já provei a mim mesma e aos meus clientes várias vezes.

Para citar um exemplo, certa vez recebi a visita de um casal. A mulher estava chateada porque o marido não estava ganhando tanto dinheiro quanto ela. Ela tinha medo de que isso estivesse causando problemas em seu relacionamento. Quando pedi que fizesse a declaração: "Não me importo que o meu marido ganhe mais dinheiro que eu", ela não estava em conformidade com isso. Quando investigamos mais a fundo, descobrimos que ela acreditava que, se ele ganhasse mais dinheiro do que ela, iria deixá-la, já que não precisaria mais dela. Descobrimos que essa emoção estava ligada ao seu passado. Quando tinha 22 anos, sua mãe abandonou seu pai, pois havia se tornado capaz de se sustentar.

Quando pedi ao marido que fizesse a declaração: "Não me importo de ganhar mais dinheiro que a minha esposa", ele também não estava em conformidade com aquela declaração. Descobrimos que ele também teve uma experiência com seus pais aos 22 anos, em que eles acabaram pegando dinheiro emprestado dele e nunca o pagaram.

Ambos tiveram uma experiência com dinheiro que havia sido muito marcante, criando a dor e diminuição da autoestima. Ela sentia que sua mãe não amava a família por ter se mudado. Ele sentia que seus pais não o amavam por tomar seu dinheiro. Essa foi uma grande revelação para o casal. Eles viram que, mesmo que do lado de fora o que estava acontecendo parecesse *errado*, tudo estava associado

CONVERSANDO COM O CORAÇÃO

aos seus medos e pensamentos inconscientes relacionados a dinheiro e ao seu valor. Essa foi a dinâmica perfeita para que ela descobrisse o seu próprio valor. Por fim, se sentiu segura o suficiente para não se importar se ele ganhasse muito mais dinheiro que ela. E ele começou a fazer exatamente isso.

Em minha opinião, o mais incrível é que, quando conhecemos alguém, não sabemos desses fatos; simplesmente nos sentimos atraídos pela pessoa, porque ela tem essa *coisa* que nos faz corar e faz o nosso coração bater mais rápido. O que não sabemos é que existem conexões incríveis na nossa mente inconsciente que vão nos desafiar, atormentar e ajudar a amar melhor, se soubermos como decifrar o holograma. É por isso que não me deixo enganar quando alguém vem me ver com um desafio em seu relacionamento. Sei que, mesmo que possa parecer que o que está acontecendo é negativo para uma ou ambas as pessoas envolvidas, sempre há um benefício inconsciente para os dois.

O mesmo acontece com os pais e seus filhos. Uma mãe veio me ver com o seu filho. Estava preocupada porque ele não estava comendo o suficiente. Não importava o que ela fizesse, nada estava funcionando. Quando o testei com a técnica NET e pedi que dissesse que estava bem, comendo o suficiente, ele não estava em conformidade com essa afirmação. Ele havia descoberto que sua mãe não gostava quando ele não comia, e que ele estava recebendo atenção especial dessa forma.

A mesma coisa aconteceu com a mãe. Quando pedi que dissesse que estava bem com o fato de ele comer o suficiente, ela não estava. Sentia que a ligação era mais forte quando estava preocupada com ele, e isso fazia com que ela se sentisse segura. O que descobrimos depois foi bastante interessante: quando seu filho tinha cinco anos, se sentiu ameaçado pela capacidade de ser bem-sucedido de seu irmão mais velho. Sentia que não poderia competir com o irmão pelo amor de sua mãe, a menos que estivesse demonstrando sinais de sofrimento. Quando ela tinha cinco anos de idade, ganhou uma irmã e deixou de receber atenção como antes!

Quando ela estava cuidando do seu filho, sentia-se mais no controle da situação e mais capaz de manter o amor ao seu redor. Mesmo os céticos ficam espantados pelo fato de que somos capazes de identificar o evento perfeito que exemplifica exatamente o desafio que estamos enfrentando no momento. A partir dessas experiências, sei que não há coincidências na aproximação entre pessoas. Tudo isso faz parte de um projeto surpreendente para nos ajudar a aprender a amar mais profundamente.

Quanto mais nos amamos, mais atraímos pessoas que nos amam. Quanto mais nos maltratamos, mais atraímos pessoas que nos maltratam. Carecemos de amor-próprio por todas as razões que escrevi anteriormente. Toda vez que acontece algo que nos desafia, não nos sentimos dignos e levamos isso para o lado pessoal. Quando os desafios são ainda maiores – por exemplo, se alguém morre, fica muito doente, a mãe e o pai se divorciam, ou se há incesto, estupro, drogas ou alcoolismo –, então o nosso valor é realmente desafiado. No entanto, trabalhei com pessoas que tiveram a mesma quantidade de traumas por alguém ter nascido depois delas quanto alguém que perdeu o pai quando jovem.

Muitas vezes, não é o próprio desafio que importa, mas como escolhemos reagir a ele. Tudo depende do quanto somos sensíveis e da nossa força emocional (que acredito que venha da conexão mais profunda com o coração). A moral da história é que todos nós fomos desafiados de grandes ou pequenas formas em toda a nossa vida, e muitas vezes temos dificuldade de desconectar os eventos que nos acontecem de quem somos.

O quanto estamos conectados ao nosso coração, o quanto conhecemos os nossos valores fundamentais e quanta autoestima integrada sentimos que temos no momento em que começamos um relacionamento romântico serão refletidos de volta para nós no amor que sentimos pela outra pessoa.

A típica história de amor começa com dois jovens que se encontram e querem ficar juntos para o resto de suas vidas. No entanto, o maior desafio que enfrentamos na casa dos vinte anos, às vezes trinta, é que realmente não sabemos quem somos. Não sabemos sobre o amor e acabamos magoados, acreditando que isso é o que o amor traz.

Muitas vezes, nós nos casamos pelo desejo dos nossos pais ou da sociedade; porque *todo mundo* em nossa vida, naquele momento, está se casando; porque o nosso tempo está passando; porque temos medo de que, se não nos casarmos com essa pessoa, ficaremos sozinhos para o resto de nossas vidas; ou porque, se não nos casarmos agora, seremos velhos demais para ter filhos e nos sentiremos fracassados, ou isso vai provar que há algo de errado com a gente. Existem várias razões diferentes pelas quais podemos precisar de *um casamento* versus *nos casar* porque amamos um ao outro e temos valores fundamentais compatíveis. Seja qual for o motivo, se por amor ou por necessidade, ou pela paixão pela ideia do casamento, garantimos a nós mesmos lições de amor. É por isso que não pode haver falhas, mas apenas lições valiosas.

Quando conheci o meu marido, o amava muito, e não percebia o quanto era importante para mim comunicar sentimentos, visões, e trocar conceitos e ideias. Meu marido realmente não gostava de conversar. A realidade de viver com alguém que não gostava de falar me atingiu com muita força. Algumas mulheres não se incomodam com um homem que não fala, mas uma das minhas maiores alegrias em qualquer relacionamento é a de ser capaz de me conectar profundamente com conversas significativas e inspiradoras. Não que o meu marido não fosse um grande homem; ele era. Apenas tínhamos valores e necessidades diferentes que não poderíamos suprir um pelo outro. Fui embora porque me encontrei tentando mudá-lo, para que pudesse satisfazer o desejo do meu coração, e percebi que estava sendo desrespeitosa com ele fazendo aquilo. Percebi que deveria ficar com ele do jeito que ele era e encontrar a plenitude de outra forma, ou deveria partir.

Até hoje, mesmo que ele tenha falecido três anos depois, ainda o amo e ainda posso senti-lo em meu coração. Ainda posso sentir aquela bela e pacífica conexão que nossos corações tinham. Mas, conforme olho para trás, percebo que, quando o conheci, mais precisava da relação do que amava a relação. Estava pronta para começar uma família e o amava, mas não pensei além desses fatores. Se estivesse mais ligada ao meu coração, teria ouvido que queria um homem com quem pudesse ter conversas profundas. Não era amoroso da minha parte me casar com um homem que não gostava de conversar. E não foi amoroso da minha parte esperar que ele o fizesse. Tivemos uma conexão do coração, mas, se tivéssemos sido sábios, teríamos compreendido que era melhor que nos amássemos como amigos, e não como marido e mulher.

Se, quando você inicia um relacionamento, precisa do relacionamento, em vez de amar o relacionamento, ele vai ditar as lições que serão criadas para você. No início, quando duas pessoas precisam uma da outra, geralmente a relação é muito intensa e apaixonante. Mais tarde, da mesma forma como o relacionamento chegou às alturas, ele chega ao fundo do poço. Os amantes se sentem desiludidos e muitas vezes desistem, porque não estão mais no topo e acham que se desapaixonaram. Essa na verdade é uma boa maneira de diferenciar amor de paixão.

O amor é calmo, e a paixão nos dá uma sensação na qual podemos ficar viciados. Quando não nos sentimos bem em relação a nós mesmos, ou sentimos que algo está faltando, precisamos acabar com a dor. A sensação da paixão pode fazer isso por um tempo. A maioria das canções, romances e filmes são sobre a necessidade e a dor de perder a sensação, e não sobre o amor.

A seguir apresento uma dinâmica comum que ocorre quando duas pessoas que não se sentem dignas de amor acabam juntas. Um parece ser o poderoso dominante, enquanto o outro é o carente. Na realidade, os dois são carentes, mas um demonstra isso mais que o outro. O dominante fica sobre um pedestal e não se incomoda com isso. No fundo, ele teme, se estiver com uma pessoa que não precise dele, mais cedo ou mais tarde, ser abandonado. O dominante se comporta como se tivesse autoestima, mas isso não é verdade. Quando nos sentimos bem em relação a nós mesmos, escolhemos alguém por quem nos sentimos inspirados e a quem também inspiramos. O dominante sabe que, no fundo, não é amado, apenas necessário.

Ambos têm baixa autoestima e não se sentem merecedores, mas demonstram isso de diferentes maneiras. Um pode precisar de dinheiro, segurança, atenção e beleza para que possa se sentir como alguém digno. O outro precisa da segurança de ser necessário, de saber que não será abandonado. Um age de forma carente, e o outro, de forma dominante. O carente tem medo de não ser bom o suficiente para o relacionamento e, consequentemente, torna-se menos atraente para o parceiro. Ele faz *coisas boas* em excesso para o relacionamento e parece ser uma pessoa *doce*. Esse cenário era comum quando um homem cuidava financeiramente de uma mulher. Se a mulher realmente não amasse seu marido e não se respeitasse pelo que ela forneceu a ele, o marido não seria agradável com ela.

Frequentemente, esse cenário leva à *mágoa*. A pessoa que parece mais carente acaba abandonada física ou emocionalmente, e se pergunta por que isso sempre acontece com ela. A pessoa que parece dominante é distante ou termina o relacionamento, mas fica tudo bem, porque pensa que era o relacionamento *errado*. Ela não está tão chateada porque não foi abandonada – ela que abandonou –, mas se pergunta "se algum dia vai encontrar alguém para amar". O medo de abandonar não é maior que o de abrir seu coração. *A verdade é que, porque o seu coração está fechado, nunca poderá sentir amor por ninguém.*

Se você for à procura de um relacionamento quando estiver se sentindo para baixo, talvez porque perdeu seu emprego ou está sozinho há muito tempo, vai atrair relacionamentos que vão ensiná-lo muitas lições. Além das outras inseguranças que possa ter, você tem mais motivos para duvidar de si mesmo. Mesmo se você pensar que está perdidamente apaixonado por uma nova pessoa, lembre-se de que ela está no mesmo nível que você. Descobrirá, mais cedo ou mais tarde, as surpresas que a acompanham. Quando você se sente mal sobre si mesmo e conhece alguém, você mais precisa dessa pessoa do que a ama. Prepare-se para algumas boas lições de amor, que muitas vezes vão machucar.

Tenho certeza de que você conheceu muitas pessoas que estão em um relacionamento e continuam reclamando sobre como ele é ruim. Se você perguntar por que continuam no relacionamento, elas vão apontar uma série de razões. Não importa se do lado de fora parece que estão certas e o outro está errado, elas *precisam* do relacionamento dessa forma, elas não *amam* o relacionamento. Se o amassem, fariam o que fosse preciso para continuar honestas com seu coração, já que saberiam que são dignas de amor.

Quando você não precisa de uma pessoa, você é assertivo, porque a ama. Você se respeita e respeita o seu parceiro. Às vezes, se envolve em conversas difíceis, mas com o intuito de reforçar o amor. Através do trabalho, descobre algo sobre si mesmo e sobre seus valores de que talvez não estivesse consciente quando se conheceram. Um dia, pode acabar deixando um relacionamento que tenha ido tão longe quanto poderia chegar. No entanto, mesmo se você estiver interessado no crescimento pessoal, não desista até que tenha terminado o seu trabalho. Muitas pessoas deixam um relacionamento e descobrem que atraíram o mesmo tipo de desafio *novamente*. Essa é uma boa pista de que você precisa enfrentar os seus pontos cegos e o medo de que, no fundo, não seja digno de amor.

O que faz com que o início de um relacionamento seja tão apaixonante? O que faz com que o ato de se apaixonar seja tão intenso? Muitas vezes, as pessoas confundem esse período com amor, mas não é amor. É apenas uma emoção forte originada ao ver mais pontos positivos do que negativos no relacionamento, e mais cedo ou mais tarde desaparece. Grande parte da paixão se deve ao fato de que, inconscientemente, sabemos que ela vai nos ensinar lições sobre nós mesmos e sobre o amor; sabemos inconscientemente que a pessoa pela qual nos apaixonamos tem feridas semelhantes às nossas.

Outra razão pela qual podemos ter uma relação muito apaixonante é se temos nos sentido sozinhos por muito tempo. Especialmente se a vida não está se desenrolando do jeito que gostaríamos e queremos alguém para nos anestesiar. Um relacionamento pode ser muito útil para nos entorpecer. O medo de perder essa pessoa nos deixa mais apaixonados, na esperança de criar alguma segurança. Se você sente que pode ter finalmente encontrado aquela pessoa com quem poderia *viver feliz para sempre*, não quer perdê-la! É como uma pessoa que encontra água depois de ter estado no deserto por alguns dias: ficamos muito felizes de aliviar a ansiedade de estar sozinhos.

Quando não temos certeza se a pessoa vai ficar com a gente, ficamos em estado de alerta, e o nosso coração começa a bater mais rápido. Se, depois de juntos por um longo tempo, passarmos a não dar mais valor à pessoa, o fogo e a paixão começarão a morrer. Uma forma de manter o fogo vivo é nos assegurando de que continuemos o estímulo, fazendo coisas que são boas para o nosso coração.

Quando paramos de nos concentrar nisso para colocar toda a nossa energia em nosso amado, nos tornamos menos importantes e mais carentes. Isso não é *sexy*.

Tive clientes que me disseram que estavam com medo de dar seu coração e se machucar. Quando eles me dizem isso, sei que mais precisam do que amam, porque do contrário aquele medo não estaria lá. Saberiam que podem confiar em si mesmos para sair de um relacionamento que não é bom para eles. Reconheceriam onde não há uma troca justa entre dar e receber.

Essa é a diferença entre amor e necessidade. Quando precisamos, doamos muito e nos perdemos. Se não recebemos de volta aquilo pelo que barganhamos, a nossa autoestima fica ferida. Quando amamos alguém, sabemos se algo é certo para nós ou não. Não doamos excessivamente, e, quando doamos, é porque amamos fazê-lo. O amor é saudável. Não há necessidade de ter medo quando amamos. Mas há razões para ter medo se precisamos de alguém. Deixe-me repetir: "A necessidade de segurança é garantia de mágoa".

Leia a seguir parte de um e-mail que um dos meus clientes recebeu de sua namorada. Ambos são extremamente dedicados a aprender a ser centralizados e seres humanos verdadeiramente amorosos. Ele exemplifica lindamente a diferença entre necessidade e amor.

"Eu preciso de você? Bem, se for preciso, posso cuidar de mim mesma, e de muitos outros também! Já fiz isso antes. Mas é desgastante, e estou aprendendo a equilibrar isso melhor. Precisei de você para me ajudar com as coisas após a enchente? Tenho certeza de que teria conseguido passar por isso, mas ter a sua ajuda e apoio foi tão maravilhoso... E eu preciso que você faça as coisas pequenas em casa para ajudar?... Bem, eu também daria um jeito nisso, ou talvez nem mesmo o fizesse, mas também é maravilhoso ter ajuda, mesmo quando

CONVERSANDO COM O CORAÇÃO   229

não é solicitada. Você pode ser bem generoso. O que não faz com que eu me sinta bem é se isso faz com que você perca o equilíbrio de cuidar de si mesmo. Adoro quando você tenta cuidar de mim, contanto que isso não o machuque.

E, se você está fazendo isso porque quer, para ajudar, para me trazer alegria, e se alegra em fazê-lo, me sinto como uma princesa. Mas, se for mais com um sentido desesperado do que você vai receber em troca, seja aprovação, ou amor, ou eu estar com você, então me sinto diferente... Se isso parte da necessidade... E isso não é bom para nenhum de nós."

Esse casal teve que trabalhar bastante no seu relacionamento, porque era um relacionamento de longa distância. Eles só conseguiam se encontrar uma vez por mês. Para compensar, conversavam por telefone e pela internet, o que consumia muito tempo. O ponto de crise chegou quando a mulher, mãe de dois meninos e empresária, sentiu que precisava de algum tempo para ELA (o que eu acho muito saudável). Mas isso acionou todos os *botões de insegurança* no meu cliente. Foi muito bom trabalhar com ele, porque estava consciente da diferença entre o seu coração e suas emoções. Sabia quando estava carente e sabia quando estava centrado. Também sabia sobre os reflexos pavlovianos e como seus sentimentos de insegurança estão conectados ao nascimento do seu irmão, quando ele tinha quatro anos de idade. Foi muito traumático para ele. Na época, sentiu que a mãe não o amava, e se sentiu menos digno por causa disso. Então, quando percebeu que não poderia *ter sua mulher quando precisava dela*, passou por um turbilhão emocional que o fez se sentir tão impotente e com medo como quando tinha quatro anos de idade – um lugar não muito poderoso para se estar quando você já passou dos cinquenta!

Como estava ciente da diferença entre o seu coração e suas emoções, era mais fácil para ele desapegar-se dessa ilusão. Como resultado, ele é muito mais forte, e agora é o homem que muitas mulheres gostariam de ter. Não está reagindo como um menino, mas como um homem; alguém guiado por seu coração, ao contrário de seus reflexos condicionados. Para mim, essa é a liberdade: em vez de uma reação impensada, uma interação inteligente e consciente com o seu parceiro, que lhes permite se aproximarem cada vez mais.

Como mencionei anteriormente, a relação com a nossa mãe (se ela era a principal pessoa que cuidava de você) tem uma grande influência sobre a forma como nos comportamos em nossos relacionamentos românticos. Nosso companheiro, que é uma energia carinhosa, nos lembra o carinho de nossa mãe. É muito fácil ativar reflexos condicionados que nos fazem reagir como criancinhas indefesas: estamos tão assustados e vulneráveis em nossas interações como em nossa infância. Não são apenas os homens que reagem à sua parceira romântica como reagiam à sua mãe. As mulheres reagem também, mas, na minha experiência, há uma grande diferença. O sino não soa tão facilmente para as mulheres quanto para os homens. Há uma diferença entre o sentir de um homem e o de uma mulher, e a mãe era uma mulher. Um homem não se parece com uma mulher e não sente como uma mulher, razão pela qual as mulheres, embora tenham seus gatilhos acionados, não sentem um reflexo pavloviano com tanta intensidade. É mais complicado para um homem porque sua parceira realmente o faz sentir como ele se sentia quando estava com a mãe. Quando o *sino toca*, ele pode voltar a ser bebê ou uma criança pequena. Esse é um desafio sobre o qual você já deve ter ouvido muitas mulheres fazendo piadas. "Eu tenho três filhos: minha filha, meu filho e meu marido!".

Sei que estou me arriscando ao fazer um comentário desses. No entanto, já vi isso tantas vezes que sinto que os benefícios de falar sobre o assunto valem a desaprovação que terei por causa disso. A maioria das mulheres não quer ser mãe de seu marido, mas quer ser amiga. Quer receber carinho e ser cuidada também. Quer que o homem se mostre como um homem, e não como um menino que está à espera da mãe para cuidar dele. Muitas vezes, os meninos que tinham atenção por ser os ajudantes da mamãe conseguem mais facilmente ser amigos de suas esposas. Isso é algo a se levar em consideração, se você é um homem. Todas as vezes que fiz um homem tomar consciência da relação de dinâmica entre a mãe e sua esposa foi muito útil. Eles deixam de ser inconscientes e podem começar a elaborar uma vida partindo mais do seu coração, em vez de seu passado. Conhecer essa dinâmica é algo poderoso.

Acredito que também é importante conhecer outras dinâmicas estreitamente relacionadas à mãe. Quando uma mulher recusa os avanços amorosos de seu companheiro, isso pode provocar profundos sentimentos de insegurança em um homem, cujo sino soa e o leva de volta à mãe que não cuidava dele quando ele queria/precisava. Você já observou como um bebê entra em pânico e fica com raiva quando não é alimentado na hora que quer? Ele sente que é o fim do mundo quando a mãe não pode atender, porque não tem certeza de que será alimentado. Já notou alguém, homem ou mulher, reagindo assim quando não consegue fazer o companheiro se comportar de determinada maneira? Talvez você? No momento em que *o sino está soando*, o adulto não é mais um adulto. Ele/ela tem a mesma realidade emocional de um bebê e, portanto, a capacidade de raciocinar de um bebê. É aí que os ânimos se exaltam, o drama acontece e as pessoas podem querer se separar por algo que é apenas uma reação pavloviana.

Outra resposta pavloviana difícil de enfrentar para muitos homens é quando um novo bebê nasce. Geralmente é difícil para o homem se ele sente que está perdendo seu lugar com a esposa, especialmente se ele era um filho mais velho que "perdeu" a mãe para um novo irmão. As semelhanças de dinâmica são muito fortes e podem facilmente enviar qualquer adulto de volta aos comportamentos infantis. É bom conhecer os reflexos pavlovianos para que as conversas adultas maduras possam levar à dissolução desses velhos padrões armazenados na fisiologia.

Realmente gosto de trabalhar com casais. É muito bonito quando eles percebem que muitas de suas lutas ou desafios não têm nada a ver com o amor de um pelo outro. A maioria das brigas acontece quando um parceiro tenta curar algo do passado, coisa que o outro não pode fazer por ele. Muitas vezes, ambos manifestam os mesmos reflexos pavlovianos na mesma idade. É realmente fascinante de se ver.

Um desses casais me trouxe um desafio. A mulher, que estava chateada (parece que, na maioria das vezes, é a mulher que quer *consertar* o relacionamento), veio me ver com o namorado. Ele havia se mudado da Europa para ficar com ela, mas um ano e meio depois eles ainda não estavam vivendo juntos. Então, eu a testei com a declaração: "Estou de acordo em morar com ele", e ela mostrou que não tinha problemas com isso. Pedi a ele que fizesse a mesma declaração, e também estava de acordo. Mas, quando pedi que os dois declarassem: "Estamos de acordo em morar juntos", eles não estavam.

Inconscientemente, os dois estavam com medo. Quando ela tinha sete anos, sua irmã mais velha teve que se mudar de volta para seu quarto, e reassumiu seu espaço, o que a tinha realmente chateado. Quando ele tinha sete anos de idade, seu irmão gêmeo tinha feito o mesmo. Os dois sentiram que seu espaço havia sido invadido e que não eram tão importantes quanto seus irmãos. Como resultado, a autoestima de ambos havia diminuído. É fácil entender por que eles tinham tido dificuldades em morar juntos. Um mês depois que os atendi, eles começaram a dividir um apartamento.

É realmente interessante quando trabalho com casais que sabem dos padrões inconscientes e aprendem a não se deixar afetar quando algo é acionado entre eles. Um deles adotou uma *tática*. Se eles entram em uma briga, um deles faz uma piada relacionada a encontrar o pavloviano que está criando essa *boa*, essa briga boa. E então, eles se transformam em detetives para encontrar o que está fazendo com que eles reajam dessa maneira. Utilizam algo que não é muito divertido para fazer com que seu amor cresça cada vez mais. Eles se beneficiam do espelho que lhes é mostrado pelo seu parceiro. Quando se desprendem dos bloqueios ao seu próprio potencial, isso permite que se amem mais.

Há algo realmente terno quando trabalhamos com os nossos parceiros em áreas nas quais somos vulneráveis e construímos a confiança um no outro. O vínculo do amor se torna mais forte. Você não teme perder o seu parceiro quando vocês se amam tanto. O amor, em oposição à paixão, que diminui com o tempo, cresce a partir da confiança mútua. Quando o seu parceiro o ajuda a crescer, em vez de julgá-lo, e quando você faz o mesmo para ele, quando se torna vulnerável e abre seu coração, em vez de tentar ter razão, o vínculo que é criado sobrevive ao teste do tempo. Isso é algo tão precioso que você não precisa se preocupar em perder o amor de seu parceiro. E essa segurança permite que você seja ainda mais aberto com o outro, possibilitando que o amor cresça cada vez mais.

Nada é mais bonito do que o amor que resiste
às tempestades da vida.

(Jerome K. Jerome)

Sinto que essa é a parte *sexy* de um relacionamento: quando dois amantes conscientes, que antes passaram por ciclos de paixão, ressentimento e amor, agora são sábios em relação a relacionamentos. É realmente muito bonito. Quando estamos apaixonados, estamos na fase em que podemos ver todo o potencial, todo o prazer, mas ainda não enfrentamos a realidade. Acho que a paixão é quase um mal necessário. Ela é o combustível que, muitas vezes, nos dá a coragem de começar um relacionamento. Quando a paixão começa a minguar, notamos todas as pequenas coisas que nos irritam. As coisas que eles fazem e as coisas que não fazem. É quando nos é dada a oportunidade de realmente aprender a amar. Em novelas, músicas e filmes, essa é a fase à qual nos referimos como a melhor parte de se apaixonar – pois é o verdadeiro amor. As coisas de antes eram apenas paixão, emoções e prazer dos sentidos e, mais cedo ou mais tarde, morrem. É o oposto do amor que, quando experimentado conscientemente, continua crescendo.

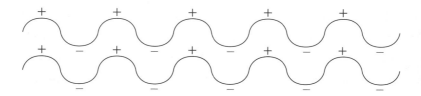

Neste diagrama, cada onda representa um dos parceiros em um relacionamento. Cada parceiro experimenta altos e baixos em sua própria vida, enquanto tenta ser aberto com seu companheiro. Os baixos vêm de muitas áreas diferentes: o passado, os desafios no trabalho ou nas finanças, o sentimento de estar preso a uma carreira desestimulante, doenças, desafios da família de origem etc. Quando um dos parceiros ou ambos estão experimentando essas emoções, torna-se muito difícil ser amoroso se você não está consciente.

Ser aberto e amoroso com o nosso parceiro quando não estamos nos sentindo bem em relação a nós mesmos é um desafio que precisa de esforço consciente.

A realidade de estar em um relacionamento é que, por vezes, um dos parceiros está em baixa, enquanto o outro está em alta. O parceiro que está em alta é, muitas vezes, uma fonte de conforto para o outro. Mas aí a vida faz o oposto, também. O parceiro que estava em uma alta vai para uma baixa, e o parceiro que estava em baixa agora vai para a alta. Agora é a vez do outro parceiro ser consolado. Essas oscilações são normais em um relacionamento. Depois, há os momentos em que ambos os parceiros estão em seu melhor e se sentem bem em relação a si mesmos. Nesse caso, é muito fácil que ambos se sintam bem com o relacionamento. Sabem que "eles eram almas gêmeas destinadas a se conhecer". A vida é maravilhosa! O desafio surge quando ambos os parceiros estão estressados ao mesmo tempo. Ou seja, quando um relacionamento é realmente testado: o casal pode vir a questionar se "eles cometeram um erro se casando".

As emoções não devem ser confundidas com amor; quando estamos com raiva, não paramos de amar. *As emoções são como nuvens, e o amor é como o sol. As nuvens podem cobrir o sol, mas, uma vez que elas passarem, o sol brilhará novamente.* Pode chover, trovejar, cair neve e granizo, mas, após as tempestades, o sol retorna. O verdadeiro amor continua firme, por trás das emoções. Os relacionamentos maduros aprendem a deixar que os ciclos venham e vão, e a apreciar o seu companheiro através dos altos e baixos. Minha experiência é que, quanto maior o desafio ou o mal-entendido, maior a oportunidade de crescimento do amor, se *ambos* os parceiros são dedicados. Grandes desafios podem ser transformados em saltos quânticos para o amor, o crescimento e a intimidade.

Quanto maior for o desafio, maior será a oportunidade. Uma vez que as cargas são transformadas, elas nos dão uma experiência e compreensão mais profundas do amor.

Se todas as pessoas que entram em um relacionamento sério fossem avisadas de que é necessário muito trabalho, que não haverá *felizes para sempre* sem bastante compreensão, trabalho pessoal, cura, adaptação e amor, isso faria uma grande diferença neste mundo. As crianças aprendem vendo os seus pais. Se os pais estiverem completamente dedicados a viver um grande amor, enfrentarão todos os altos e baixos emocionais que fazem parte de um relacionamento amoroso de verdade. Sabem que, mesmo que às vezes tenham vontade de cair fora, isso é apenas uma emoção; o amor não morreu. Não deixam que a *alta* juntos signifique que eles são almas gêmeas nem que a *baixa* juntos signifique que o amor acabou. Não deixam que suas próprias emoções atrapalhem, e procuram a verdade. Conforme as crianças aprendem sobre o amor dessa forma, elas se tornam adultos que sabem a diferença entre emoções e amor. O aprendizado sobre o amor verdadeiro tem um grande potencial de influenciar o planeta em muitos e diferentes níveis.

Todos nós temos muitas oportunidades para aprender e crescer nos momentos em que o amor é testado. Cada vez que os parceiros aceitam o desafio e encontram a perfeição, há uma conexão espiritual muito profunda. As relações amorosas, entre outros tipos de relações, podem ser um caminho para a iluminação espiritual. Pensar que os relacionamentos não precisam de trabalho e que você pode viver *feliz para sempre* é como conseguir um emprego com a expectativa de mantê-lo sem aparecer para trabalhar. É infantil acreditar que podemos juntar duas vidas diferentes, com um número infinito de experiências passadas, medos, feridas, vazios e valores, sem alguns ajustes e adaptação. Uma vez que o período de paixão passa, o que resta é a realidade de duas vidas entrelaçadas. Todo mundo precisa saber que os casamentos são mais gratificantes quando ambos os parceiros têm seus valores mais importantes em comum, ouvem seu coração, se desfazem da ilusão de que não são dignos de amor e agem de acordo com o desejo do coração.

Quando amamos uma pessoa incondicionalmente, queremos o melhor para ela, e desejamos o mesmo a nós mesmos. Há dois autores que acredito que possuem grande compreensão dos relacionamentos amorosos: Kathlyn e Gay Hendricks. Eles realmente entendem que um relacionamento amoroso demanda muita responsabilidade própria, que manter nosso coração aberto é a chave para uma vida romântica gratificante.

Quando não estamos conectados ao nosso coração e alma, nos sentimos insatisfeitos e queremos que alguém do lado de fora preencha esse vazio. Ninguém pode fazer isso por nós, e nos machucamos muito tentando isso. Quando as pessoas estão feridas, elas geralmente ficam ruins. Nunca conheci alguém violento que estivesse grato e em sintonia com o coração. Essa é uma pista importante quando você está lidando com pessoas ruins ou que tenham um mau temperamento: elas estão apenas magoadas. A melhor maneira de deixá-las mais furiosas é fazendo com que se sintam piores sobre si mesmas, o que muitas vezes é a nossa primeira reação quando estamos com alguém desagradável.

Descobri que a melhor maneira de chegar até pessoas *difíceis* era dedicando-me a encontrar o que as estava realmente magoando, para então abordá-las de uma forma que fizesse com que elas se sentissem ouvidas e importantes. Essas pessoas, muitas vezes, se tornam as mais fáceis de lidar, porque finalmente alguém está mostrando gentileza a elas. A maioria se afasta por causa da fachada delas, mas, quando você vai mais fundo, percebe que por trás de tudo há um grande coração apenas esperando para ser amado.

Observe, a seguir, um diagrama que explica as três maneiras diferentes de se comportar em um relacionamento.

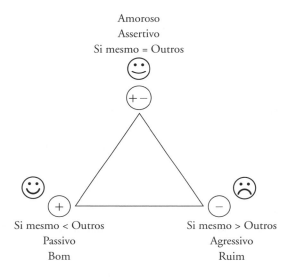

Quando somos passivos, tornamo-nos inferiores ao outro. Quando somos agressivos, tornamo-nos mais importantes que os outros. E quando somos assertivos, nos tornamos tão importantes quanto os outros.

Nós nos tornamos passivos quando não acreditamos em nós mesmos, ou quando estamos com medo de perder o amor ou algo que seja importante para nós. Tentamos comprar o amor sendo *bons* o tempo todo. O desafio de ser passivo é que, mais cedo ou mais tarde, como a energia não pode ser destruída ou criada, pois vai apenas mudar de forma, nos tornamos agressivos. Demonstramos agressividade explodindo com palavras ou ações, ou terminando um relacionamento de repente.

Às vezes, as pessoas são passivas no local de trabalho porque têm medo de perder sua posição e a capacidade de ganhar seu sustento, para que possam cuidar de sua família. Elas fazem coisas que vão contra o que o seu coração está sussurrando que façam. Quando

Conversando com o coração

entram no carro, se soltam e mostram raiva no trânsito, ou têm pavio curto com sua família (que, no fundo de sua mente, é a razão pela qual precisam manter o trabalho que desprezam). O oposto também pode acontecer. Uma pessoa pode ser passiva em casa, porque para ela a família tem um valor mais alto do que o trabalho e tem medo de perder essa parte de sua vida. Mas, quando chega ao trabalho, se torna mais agressiva. Seus colegas de trabalho carregam o peso de sua frustração. Onde quer que nos sintamos mais seguros em extravasar nossa energia agressiva é onde a explosão acontece. Às vezes, as pessoas não colocam tudo para fora, e a saúde acaba pagando o preço de sua agressividade. Se você perceber que está sendo agressivo, não tente se reprimir. Descubra onde você está suprimindo as suas necessidades e torne-se assertivo. No começo, vai ser assustador: você vai precisar acreditar em seu valor, respeitar a si mesmo e aos outros. No entanto, isso aumentará o seu senso de valor próprio, e você não vai mais ficar explodindo.

Ser assertivo é quando respeitamos a nós mesmos tanto quanto ao outro. Um truque que tenho para lidar com qualquer pessoa é: "Aqui estão duas pessoas muito importantes juntas". O meu tempo e o seu tempo são importantes; o meu ponto de vista e o seu, bem como o seu respeito e o meu, estão todos equilibrados. Quando somos assertivos, somos claros sobre o nosso ponto de vista e o que é bom para o nosso coração. Quando considero alguém tão importante quanto eu mesma, tão digno de respeito quanto eu, isso me faz usar certas palavras que não usaria se não tivesse essa ideia em mente. Em qualquer interação, quando somos capazes de respeitar a nós mesmos e ao outro, adquirimos sabedoria. Isso não significa que você deve sempre concordar com o que alguém quer para você ou de você. No entanto, se no final das contas você foi respeitoso, vai se sentir melhor sobre si mesmo como um ser humano espiritual. Quando desrespeitamos o outro, também nos desrespeitamos. Essa é uma das razões pelas quais nos sentimos mal quando fazemos fofocas.

Exercício

O Processo de Liberdade Extrema (Extreme Freedom Process©)
... ou como transformar qualquer pessoa com quem você esteja irritado em um amigo que o ajude a alcançar o que você adoraria ter nesta vida.
(Você pode voltar ao meio do capítulo para refrescar sua memória.)

1. Olhe para a pessoa com quem você está realmente irritado e anote em poucas palavras qual é o problema dela. Solte a emoção, não seja gentil. Qual é a essência do problema dela? (Por exemplo, ela não se ama, ela está com medo etc.)

_____

_____

2. Descubra a solução para o problema dela. Se ela ao menos o ouvisse, toda a situação melhoraria.

_____

_____

3. Em que área da sua vida você tem o mesmo problema?

_____

_____

4. Como você pode usar a solução do problema da outra pessoa para si mesmo?

_____

_____

Quando chegar à quarta questão, você terá uma ação clara a tomar para ajudá-lo a revelar os desejos do seu coração. Ou você vai perceber que ainda não está pronto para fazer essa transição e vai ter mais paciência com a pessoa que era tão irritante. De qualquer maneira, ficará verdadeiramente grato pela orientação fornecida a você pela pessoa *irritante*, e o fardo vai desaparecer.

Nove

O que estou fazendo com a minha vida?

Quando falamos em ouvir e agir de acordo com o coração, o tópico "ter um *propósito* ou uma *missão*" aparece muitas vezes. Frequentemente, algumas pessoas bem perturbadas vêm me ver porque estão se sentindo perdidas. Elas estão preocupadas por estar deixando a vida passar, porque não sabem exatamente o que estão fazendo aqui. Estão atormentadas, pois sentem que não estão fazendo o suficiente com sua vida. Sei que isso acontece porque elas não estão ouvindo a sua voz interior. Simplesmente vêm fazendo qualquer coisa que apareça em seu caminho, em vez de aquilo que realmente amam. Algumas delas participam de seminários e criam declarações de missão de negócio ou de carreira, em vez de criar uma declaração de missão geral de vida. Os negócios e a carreira são parte da declaração de propósito de uma pessoa, mas não são a única maneira como usamos nosso tempo todos os dias. A vida humana é feita do tempo que passa desde o primeiro até o último suspiro. A forma como escolhemos utilizar o nosso tempo determina o nosso futuro e quão bem-sucedidos nos sentimos, definindo o legado que deixamos para trás.

Acredito que convém olhar para uma declaração de missão, ou o que estamos aqui para fazer, como parte do nosso *ser*, pois isso tira a pressão de ter que fazer algo apenas para provar o nosso valor. Como sempre há coisas que podemos fazer para revelar o melhor de nós mesmos, podemos viver cada vez mais onde nos *sentimos* plenos. Podemos ser plenos, contentes e bem-sucedidos agora. Ter uma vida de sucesso definitivamente não está relacionado a ter alcançado algumas metas. Trata-se de como nos sentimos por dentro. Nós nos sentimos bem-sucedidos cada vez que nos conectamos ao coração e que temos a integridade de agir de acordo com as nossas palavras. Se você parar agora, sentar-se confortavelmente, inspirar e expirar profundamente enquanto sente seu coração, lembrando e sentindo momentos em sua vida em que você estava inspirado, alegre e agradecido, vai se sentir contente e bem-sucedido agora mesmo.

O sucesso é um estado de ser, não algo que você consegue ao atingir um determinado objetivo. Você sente que vive uma vida bem-sucedida quando está fazendo o que seu coração lhe pede para fazer. Então, sim, você ainda precisa fazer coisas para satisfazer o coração, mas não são os feitos em si que fazem com que nos sintamos plenos. É o fato de que ouvimos e agimos de acordo com os desejos do coração que faz com que nos sintamos satisfeitos.

De tudo que já vivi, li e no que ajudei as pessoas, cheguei à conclusão de que, quando temos como objetivo de vida ser cada vez mais amorosos com nós mesmos (abraçando nossos lados de luz e escuridão, ouvindo e agindo de acordo com os desejos do nosso coração), nos tornamos de forma automática verdadeiramente mais amorosos com os outros, e a vida é extremamente gratificante. Esse é um processo em constante evolução. Nós nos tornamos mestres em diferenciar emoções/pensamentos do coração: assim como o músico que aprimora a sua técnica e cuja música se torna mais bonita com o tempo. Não precisamos esperar para nos sentirmos realizados por ter conseguido determinado objetivo, porque se trata de um processo em constante evolução.

CONVERSANDO COM O CORAÇÃO

Há objetivos que podemos alcançar, mas, se baseamos nossa vida em um objetivo, estamos em apuros. O que acontece se você alcançar seu objetivo? Ou se você fracassar em seu objetivo? Ou se você perder a oportunidade com o seu objetivo?

Por exemplo, uma bela mulher tinha vindo me ver porque estava mancando. Ela tinha dificuldade para andar porque seus joelhos doíam muito. Quando trabalhei com ela, encontramos todos os tipos de emoções relacionadas à sua mãe. Fiz o meu trabalho, e as pernas dela realmente começaram a melhorar. Ela era capaz de andar razoavelmente bem. Então, veio fazer meu seminário de fim de semana. No último dia, trabalhamos em sua declaração de missão pessoal. Ela então me disse que a missão da sua vida, até sua mãe falecer, tinha sido cuidar dela! A mãe dela tinha sido uma mulher bonita e inteligente. Ela havia desejado cuidar dela para que pudesse ter acesso à energia da mãe, mas, agora que ela tinha morrido, se sentia sem rumo. Tinha, literalmente, dificuldade em dar um passo à frente em sua vida. Estava perdida, sem algo para dar sentido à sua vida.

Outro exemplo seria o Christopher Reeves. Vamos supor que ele tivesse decidido que o seu propósito de vida era ser um ator famoso. O que teria acontecido com ele depois de ter sofrido o acidente de equitação e ficado paralisado? Sua vida teria acabado. Mas, como ele viveu a sua vida ao máximo, mesmo com sua deficiência, deixou um legado.

Como mencionei antes, quando pergunto aos participantes do meu seminário de fim de semana, Liberdade Extrema, o que eles fariam se tivessem 24 horas restantes de vida, quase todos dizem que iriam passá-las com seus entes queridos e ser gratos. Eles iriam querer amar e se sentir amados. Em alguns casos raros, disseram que contariam às pessoas em sua vida como se sentiam magoados com elas. Isso porque ainda não encontraram a perfeição nem admitiram que tudo o que eles julgaram no outro recriaram em suas vidas. Na maioria dos casos, as pessoas dizem que não falariam sobre as coisas que não deram certo, porque isso realmente não importa no final. O que importa é que elas amam os outros e não precisam perder tempo falando sobre essas coisas. Querem ser gratas e sentir o amor. Quase ninguém diz que iria trabalhar. O trabalho é uma área importante da vida, já que dedicamos, em média, cerca de 90 mil horas de uma vida inteira a ele. Mas, no final, ele não é tudo. Se estamos dispostos a trocar as nossas preciosas últimas 24 horas por alguma coisa, significa que aquilo é importante para nós. Significa que tem um valor alto.

Se todos viemos aqui para aprender a amar a nós mesmos e aos outros, como fazemos isso? Amamos a nós mesmos primeiro, sabendo que somos "amáveis" e dignos de amor, ouvindo (*yin*) e agindo (*yang*) de acordo com o coração. Isso nos permite amar/servir aos outros melhor. É assim que começamos este livro. Você se lembra do Jogo da Criação? Temos todas essas áreas da vida às quais podemos prestar atenção. Temos muito o que ouvir e muitas ações a tomar. Assim como uma cantora de ópera, que se dedica a aprender a usar sua voz de uma forma bela, nos serve bem, uma mãe, que ama ser mãe, serve ao mundo de uma forma admirável. Alguém que ame jardinagem traz cada vez mais beleza ao mundo. Alguém que seja realmente um bom amigo traz amor, apoiando e desafiando, quando necessário. O que quer que amemos e nos sintamos inspirados a fazer, serve.

Agora, alguns de vocês provavelmente estão pensando: "E as pessoas que roubam e matam?". Elas provavelmente não gostam de roubar e matar, a menos que sejam psicóticas. Podem, no entanto, precisar roubar para alimentar seus filhos, estando, portanto, alinhadas ao seu coração. Estamos todos em um caminho evolutivo de aprimoramento no que diz respeito à conexão com o coração. Alguns de nós estão mais conectados, enquanto outros estão no início de sua jornada. Assim como não podemos puxar uma flor para fazer com que ela cresça mais rápido, não podemos obrigar alguém a estar em sintonia com o coração. Isso leva tempo, e todos somos capazes.

Quando estamos ouvindo o coração e agindo de acordo com ele, nos tornamos criadores. Todos nós criamos algo com a nossa vida. Quanto mais estamos em sintonia com o coração, mais refinada é a nossa criação, e mais bonitos são os resultados. Estou certa de que você conheceu algumas pessoas que amam as suas vidas. Elas têm uma energia que é magnética. É uma sensação boa estar perto delas. Possuem toneladas de energia e, como resultado, são muito inspiradoras. *Quando uma pessoa está em sintonia com o coração, muitas vezes queremos ser como ela. Queremos o que ela tem.* Isso é algo de que devemos estar realmente conscientes. *A razão pela qual é tão bom estar com ela é porque ela está em sintonia com o coração. Se pensamos que deveríamos estar fazendo o mesmo que ela para experimentar a realização, estamos redondamente enganados.* Somente exalamos o mesmo magnetismo quando somos fiéis à nossa própria sintonia.

Certa vez, eu me lembro de acordar no meu pequeno hotel em Isla Mujeres, no México. Realmente adoro ir até essa ilhota. Ela tem um quilômetro de largura por dez quilômetros de comprimento. Muitas das pessoas de lá vivem de uma maneira muito simples. Elas passam o tempo umas com as outras. Se você pegar um táxi, por exemplo, muitas vezes, o motorista vai pegar um de seus amigos no caminho, ou terá um membro da família com ele. Certa manhã, fui acordada pelo som de um pequeno barco de pesca. O sol estava nascendo longe no horizonte, e tudo mais estava calmo. Fiquei ali pensando em como seria a minha vida, se ela fosse tão simples quanto a deles. Eles parecem bem contentes quando você os vê voltando com as suas pescas na parte da tarde. Eles não tinham muito, mas tinham tempo, e pareciam apreciar isso. No entanto, não demorou para que eu soubesse, sem sombra de dúvida, que morreria de tédio se tivesse uma vida como aquela por muito tempo. Essa simplesmente não sou eu. Amo viajar, descobrir novos lugares e novas pessoas. Amo aprender como as pessoas pensam, e ver as diferenças e semelhanças entre as culturas. Amo ensinar e trabalhar com pessoas que querem dar o melhor de si mesmas.

Algumas semanas depois, passei uns dias com o meu professor, o Dr. Demartini. Ele é o extremo oposto das pessoas que vivem em Isla Mujeres: viaja constantemente pelo mundo. Ministra palestras cerca de 300 dias por ano. Trabalha muitas horas por dia e, muitas vezes, depois que termina de ensinar, vai para o seu quarto estudar ou escrever. Ele faz isso de 1989 até hoje porque é fiel a si mesmo. Isso é quem ele é, realmente admirável. Há uma parte de mim inspirada a fazer o que ele faz também. De certa forma, faço isso, mas não quero ficar longe do meu lar o tempo todo. Gosto de ter um lugar para onde voltar. Poderia viver viajando pelo mundo, mas gostaria de passar pelo menos dois ou três meses no mesmo lugar. Gosto de imergir na energia das pessoas ao meu redor e aprender com isso. Não gostaria de estar em um avião o tempo todo. Eu me desgastaria se tentasse ser como ele. Amo ter tempo para apenas "ser", para caminhar em uma longa praia, fazer exercícios, sentir a brisa no meu rosto e estar com os meus entes queridos. Fazer o que ele faz não seria respeitoso com quem eu sou.

Aprender a não nos manter pequenos demais por medo do fracasso, ou a não fingir que somos grandes demais para compensar um sentimento de inadequação, é o desafio que todos nós enfrentamos como seres humanos. Ser pequeno ou grande demais é resultado do medo de não ser merecedor de algo. Vejo que, quanto mais respeitamos exatamente onde estamos, mesmo que possa parecer pequeno no início, mais obtemos reconhecimento. É óbvio que, se você procurar uma posição como primeiro-ministro, terá um lugar no centro das atenções. Mas você não precisa ter um perfil público para causar um impacto mundial. Muitas pessoas que optam por fazer alguma coisa porque adoram alcançam o prestígio; sua inspiração e atenção aos detalhes atraem a atenção e criam uma reputação. Um carpinteiro que realmente ame a confecção de móveis bonitos pode impactar o mundo, porque suas peças têm esse *algo especial* que faz com que as pessoas comentem. Quando seguimos o coração, afetamos o mundo, já que a energia do amor impacta o inconsciente coletivo. É como aquela teoria do centésimo macaco: quanto mais pessoas estiverem envolvidas, vivendo a partir de seu coração, outras mais terão a ideia de fazer o mesmo.

Independentemente de sermos destinados a deixar um legado no mundo através de nossos espaços vazios e valores conectados à espiritualidade, sociedade, família, finanças, carreira, capacidade física ou mental, todos nós temos valor. Ao respeitar e honrar os dons especiais que temos, e fazer o melhor deles, experimentamos o sucesso. Certo magnetismo é criado quando somos fiéis à nossa essência. Copiar alguém apenas diminui a nossa luz e a nossa capacidade de brilhar para os outros.

Veja na sua própria vida o que você ama fazer. E o que você amava fazer vinte anos atrás pode não ser o que você ama fazer agora. Estar em sintonia com o coração é um processo de aprimoramento. Embora alguns valores permeçam os mesmos, eles, muitas vezes, se tornam cada vez mais polidos. Descobrimos novos níveis de verdade neles. Alguns outros valores abandonamos depois de transcendidos, já que estamos prontos para fazer algo diferente.

Certo dia, um dos meus clientes explicou de forma muito simples e bela, enquanto estava sentado em um seminário, qual a sua *missão* na vida. Tinha se torturado durante meses, perguntando a si mesmo qual era. Então, seus olhos se encheram de lágrimas, e ele bateu na testa e compartilhou: "Finalmente entendi. É muito simples: meu propósito na vida é fazer minha luz interior brilhar! A escuridão é o medo, e a luz sou eu quando estou totalmente aberto, sem medo!".

Acho que ele explicou aquilo de uma forma bela. Quando estamos conectados com o coração, somos amor, e o amor é luz. Existe dentro de cada um de nós um *conhecimento* do que deveríamos estar fazendo. Sentimos alegria com a ideia de fazer algumas coisas que não temos quando pensamos em outras.

Há um ótimo livro que recomendo para ajudá-lo a identificar isso mais claramente, que se chama *Teste da paixão*, de Chris e Janet Attwood*. No meu vocabulário, empregaria a palavra "inspiração" para explicar algo alinhado ao coração, em oposição à "paixão", que se concentra mais em agradar os sentidos, mas o livro na verdade é sobre encontrar o que você tem em seu coração.

De acordo com a minha experiência, quando não deixamos que o medo assuma o nosso controle, podemos ser bem claros sobre o que faz com que nos sintamos inspirados (e o livro tem uma maneira muito inteligente de fazer com que deixemos o medo para nos permitir saber o que está em nosso coração). Nós todos temos interesses e talentos especiais, e nos sentimos completos quando

---

* Attwood, J. B. & Attwood, C. *Teste da paixão*. São Paulo: Sextante, 2008 (N. T.).

fazemos uso deles. Muitas vezes, esses talentos, traços e qualidades estão ligados aos vazios e valores que abordamos anteriormente. É muito bonito quando vemos que todos os desafios pelos quais passamos e todo o apoio que tivemos serviram para revelar os nossos traços de personalidade. Quando nos amamos, o que fazemos é alimentar os nossos talentos, para que possam brilhar mais.

Há também as coisas que adoraríamos fazer, mas ainda não fizemos, e isso é igualmente parte de amar a nós mesmos. As crianças confiam em seus pais para cuidar delas e alimentá-las. Muitas vezes, esperamos que nossos pais saibam conscientemente como fazer aflorar o melhor de nós. Isso não necessariamente acontece. Nossos pais poderiam nem mesmo estar conscientes o suficiente para ser capazes de fazer isso por si mesmos, então, como poderiam ter feito isso por nós? Muitas pessoas continuam a não fazer o que adorariam porque se sentem como vítimas. Mesmo aos quarenta, cinquenta ou sessenta anos, depois de ter saído de casa há vinte, trinta ou quarenta anos, muitos ainda culpam os pais por sua sorte na vida. É como se, durante a maior parte da nossa vida, continuássemos à espera de alguém do lado de fora para "nos enxergar e acreditar em nós", para revelar o melhor de nós mais do que nós mesmos. Não somos mais crianças, e é nossa responsabilidade dar o melhor de nós. E temos uma chance muito maior de saber o que está alinhado com o nosso coração do que nossos pais "deveriam saber"!

Se todo mundo estivesse ativamente envolvido em prestar atenção ao coração e agir de acordo com ele assim que tivesse idade suficiente, não haveria culpa. Mas tenho certeza de que você já chegou à conclusão de que, muitas vezes, é bem mais fácil culpar os outros por aquilo que não estamos dispostos a fazer por nós mesmos.

Independentemente se os nossos pais tinham ou não conhecimento suficiente para trazer ativamente o melhor de nós, havia prós e contras em cada cenário. Às vezes, nossos pais nos levaram em direções nas quais não queríamos ir. Fizemos coisas que não tínhamos qualquer inspiração real para fazer, o que ainda nos serviu, porque abriu a nossa mente para outras ideias. No entanto, uma consequência disso é que, muitas vezes, continuamos fazendo essas coisas só porque estamos acostumados a fazê-las, em vez de dedicar um tempo a parar e ver o que realmente amamos fazer.

Depois que vemos todas as permutações possíveis da culpa, percebemos que, por fim, a responsabilidade de criar uma vida inspiradora gratificante é nossa. O que aconteceu conosco, o que foi feito ou não, nos serviu. Se tornarmos isso parte de nossa consciência, poderemos revelar gradualmente mais da beleza das circunstâncias da nossa vida. Gosto de escalar montanhas porque são ambientes bonitos e inspiradores para mim. Também gosto delas porque são como seminários intensivos realmente bons para as habilidades da nossa vida. Se você chegar ao topo, é responsabilidade sua. Se você não chegar ao topo, é responsabilidade sua. Você precisa estar em uma boa condição física, conhecer os seus limites, verificar o clima etc. Se você não sabe sobre a montanha, contrate um guia que já esteve lá antes; eles podem poupar-lhe todos os tipos de agravantes e lições onerosas. Ou você pode aprender enquanto faz o percurso, mais uma vez, assumindo total responsabilidade por si mesmo.

A vida é a mesma coisa. Não importa se tivemos desafios porque nascemos em uma família que era pobre ou muito rica, em que os pais eram demasiado presentes ou ausentes, em que havia doença, em que nos sentíamos estúpidos, em que nossos pais brigavam, em que nossos pais nunca brigaram, em que nossos irmãos pareciam ter tudo ou nós tínhamos tudo, em que sentíamos que tínhamos a responsabilidade da família sobre os nossos ombros, se nos sentíamos feios, desvalorizados, nascidos em uma minoria, nos mudamos para fora do país, enfrentamos vieses raciais ou de gênero: a verdade final é que cabe a nós fazer o melhor que pudermos com as circunstâncias de nossas vidas. Se você não sabe como fazer isso, contrate um *coach*, ou pelo menos se cerque de pessoas que tenham experiência, leia livros, ouça gravações de áudio ou frequente seminários.

A beleza de participar deste jogo da vida no qual você continua a crescer e a desafiar a si mesmo é que, cada vez que sair de sua zona de conforto, qualquer coisa que você não ama sobre si mesmo aparecerá e será refletida nos diferentes espelhos em torno de você. Portanto, esteja preparado se decidir começar uma nova jornada, um relacionamento, ou quiser ir mais fundo com os relacionamentos nos quais está, ter um bebê, encontrar um novo emprego, iniciar um novo esporte, participar de uma competição, fazer oratória ou apenas aprender a ser autêntico, pois suas inseguranças virão à tona. *É perfeito.*

Use os princípios que você aprendeu neste livro até agora. Sinta as emoções e procure encontrar de onde veio a ilusão de que você não era digno. Desfaça os reflexos pavlovianos inconscientes que estiverem conectados à sua fisiologia. Desfaça a dor conectada a eles encontrando a perfeição desse acontecimento em sua vida e como ele o guiou. Isso aumentará automaticamente o seu amor-próprio – e, *voilà!* Você agora já se livrou das pedras que impediam que você se conectasse ao seu coração. Vai experimentar mais plenitude, mais amor e será mais grato pela sua vida. Cada vez que você dá um *salto quântico* em seu crescimento pessoal, se liberta um pouco mais da ilusão de não ser digno de amor. É um grande jogo que vale a pena jogar!

O exercício a seguir vai realmente ajudá-lo a aprender como usar seu tempo. Todos os dias deparamos com inúmeras opções de como usá-lo. Esse é o Jogo da Criação. Se não temos conhecimento do que amamos fazer, muitas vezes, acabamos fazendo o que os outros querem que façamos. Se não sabemos o que queremos da vida, acabamos recebendo o que os outros querem nos dar. Fazemos muitas coisas das quais realmente não precisamos, e não o suficiente do que nos traria satisfação. O nível de sucesso que sentimos em relação à nossa vida depende do quanto estamos em sintonia com o nosso coração e usamos o nosso tempo. Administramos melhor o tempo quando temos clareza sobre quem somos, bem como o que nos traz satisfação no que fazemos e temos.

Prefiro ter o mundo inteiro contra mim do que a minha própria alma.

(Gandhi)

Exercício

Declaração de missão

Eu (nome), _____,
declaro que estou totalmente dedicado(a) a ser amoroso(a) comigo
mesmo(a) e com os outros, revelando os desejos mais importantes
do meu coração.

Para fazer isso, eu _____

_____

_____

_____

_____

_____

(Observe o exercício que você fez no Jogo de Criação, em todos
os espelhos diferentes da vida. Seja específico e use expressões
vibrantes, que façam com que você se sinta inspirado.)

Ao fazer isso, consegui_____

_____

_____

_____

_____

_____

_____

(Pode ser plenitude, amor, saúde, abundância, mais consciência,
tudo o que seja de grande valor para você. Mais uma vez, pense no
exercício do Jogo da Criação.)

Dez

Ouvindo o coração

Você, você mesmo, tanto quanto qualquer outra pessoa no universo, merece o seu amor e carinho.

(Buddha)

Você poderia esquecer tudo o que eu escrevi até agora. Você poderia simplesmente se concentrar em viver com a sabedoria do seu coração, e sua vida se desdobraria enquanto você se sentisse seguro, confiante, amado, abundante, pleno e agradecido. No entanto, sua mente e suas emoções muito provavelmente não vão deixar que você faça isso ainda.

Nossa mente está tentando constantemente entender as nossas emoções e satisfazê-las. Escrevi este livro para que você pudesse acalmá-las. Felizmente, fui capaz de mostrar a você que a vida é um equilíbrio perfeito entre apoio e desafio, projetado para revelar o melhor de nós. Todos nós começamos com o mesmo desejo: experimentar o amor por nós mesmos e pelos outros. Cada momento da nossa vida é perfeitamente projetado para nos desafiar e apoiar, para que possamos redescobrir que somos dignos de amor.

Quando você estiver no meio de um desafio ou de uma emoção profunda, pergunte a si mesmo: "Como isso está me ajudando a aprender a amar a mim mesmo um pouco mais?"; "Que ilusão de não ser digno eu armazenei?". Quando você estiver sendo apoiado, pergunte a si mesmo novamente como isso o está ajudando a amar a si mesmo um pouco mais. A vida nunca tem mais prazer que dor, ou mais dor que prazer. Escolhemos o tipo de dor/desafio que queremos em nossa vida: o desafio da disciplina e da coragem necessárias para fazer o que o coração deseja, com o prazer resultante da realização, ou o prazer de tomar o caminho fácil, confortável e não ameaçador, com o desafio de se sentir insatisfeito com a vida. Qual você vai escolher?

Às vezes, os desafios não são agradáveis aos nossos sentidos, mas, uma vez que os transcendemos, que os usamos a nosso favor, não os enxergamos mais como ruins, mas como uma orientação de nossa alma. E podemos ser gratos. Quando somos gratos, estamos conectados à alma através do coração, e não há nada a temer. Quando vivemos em sintonia com o coração, estamos presentes. Quando estamos presentes, não experimentamos as emoções de culpa, remorso, pesar ou raiva derivadas de não ter visto a perfeição no passado, e não temos medo do futuro e das coisas ruins que ele pode trazer. Com a experiência, torna-se cada vez mais fácil confiar e simplesmente desfrutar o jogo da vida. O principal desafio como um ser humano é estar presente e ser grato no momento, enquanto existe um desejo que sabemos que vai levar algum tempo para se manifestar no futuro.

Os seres humanos aprendem mais facilmente a partir de contrastes. Aprendemos muito contrastando o que sentimos quando estamos em sintonia com o nosso coração, nossas emoções ou a nossa mente. É por isso que você não precisa ficar frustrado se às vezes se sentir desconectado. Está apenas fornecendo um contraste, para que possa realmente saber a diferença. No início, viver com o coração exige disciplina e esforço, mas, mais cedo ou mais tarde, o oposto será verdadeiro. Vai ser mais fácil viver conectado ao seu coração do que desconectado.

Sente-se calmamente todos os dias e passe um tempo sentindo o seu coração, o coração real, que fica logo acima do seu estômago. Ao senti-lo, inspire e expire profundamente, lentamente, ao *recordar* e *sentir* momentos em sua vida nos quais você se sentiu grato, inspirado, amado. Esse é um belo lugar para estar, e temos acesso a ele sempre que desejamos simplesmente nos tornando presentes. À medida que você continuar fazendo isso regularmente, de preferência todos os dias, experimentará mais gratidão, porque estará mais consciente dos belos momentos que, do contrário, teriam passado por você.

Estar conectado ao coração é um estado de ser, não uma emoção; é estável e forte. Curiosamente, nos sentimos amados, amando, abundantes, confiantes, cheios de possibilidades, plenos e seguros quando estamos gratos. Preste atenção ao sentimento nos diferentes modos de mente/emoções/coração. Quando você se encontrar preso em seus pensamentos e emoções, leve-se de volta ao seu centro; inspire e expire, lembrando e sentindo os momentos em sua vida pelos quais você é grato.

Ouça, preste atenção, faça perguntas e veja o que seu coração lhe diz. Ao fazer escolhas, pergunte a si mesmo: "Isso é bom para o meu coração ou não?". Quando estiver claro que é o seu coração falando, não importa o que o mundo ao seu redor lhe diga, siga-o. Sempre haverá um equilíbrio perfeito de prós e contras para qualquer ação que você tomar ou não. Portanto, você pode também experimentar isso enquanto vive de seu coração, porque vai ser a vida mais gratificante que poderá viver. Quando você deixa sua luz interior brilhar, toca a vida dos outros com a energia especial do amor. Cada um de nós que assume a responsabilidade de aprender a estar em sintonia com o coração impacta o mundo da maneira mais profunda.

Aproveite.

Leia Magnitudde

Romances imperdíveis!

Cuida de mim
Daniela Sacerdoti

A vida de Eilidh Lawson está passando por uma séria crise. Após anos de tratamentos fracassados para engravidar, da traição de seu marido e de lidar com sua família egoísta, Eilidh entra em uma depressão profunda e fica sem chão. Desesperada e sem forças, ela busca amparo e conforto em uma pequena vila ao Norte da Escócia, onde reencontra pessoas queridas e uma vida que havia ficado para trás. Quando tudo parece perdido, Eilidh redescobre o amor pelo ser humano e por si própria e, então, coisas estranhas e forças sobrenaturais começam a aparecer. Com a ajuda de uma alma amiga, alguém que se foi, mas que mesmo assim quer ajudá-la a lutar contra os egos e os medos, Eilidh encontra seu verdadeiro amor.

Meu querido jardineiro
Denise Hildreth

O governador Gray London e Mackenzie, sua esposa, realizam o sonho de ter uma filha, Maddie, após lutarem por dez anos. Mas uma tragédia leva a pequena Maddie e desencadeia uma etapa de sofrimento profundo para Mackenzie. Quem poderia imaginar que uma luz surgiria do Jardim, ou melhor, do jardineiro? Jeremiah Williams, jardineiro por mais de vinte e cinco anos no Palácio do Governo do Tennessee, descobre que seu dom vai muito além de plantar sementes e cuidar de árvores. Trata-se de cuidar de corações. Com o mesmo carinho e amor que cuida das plantas, ele começa a cultivar e quebrar a parede dura em que se transformou o coração de Mackenzie, com o poder do amor e das mensagens passadas por Deus.

Leia Magnitudde

Reflexão e meditação

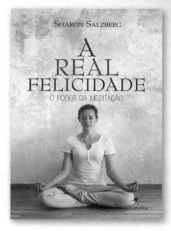

Uma questão de vida e morte
Karen Wyatt

Uma abordagem humana e comovente sobre como lidamos com os sentimentos de perda, luto e pesar, especialmente aqueles que nos acometem quando vivenciamos a morte de um ente querido. A Dra. Karen M. Wyatt parte de um profundo trauma pessoal, o suicídio do próprio pai, para empreender uma viagem literária de sabedoria e compaixão por seus semelhantes. Como se fora uma conselheira, às vezes uma confidente, ela estimula o leitor a encontrar forças para percorrer o duríssimo trajeto até a cura, sempre oferecendo uma palavra de consolo e encorajamento, lembrando-o da grandiosidade e da beleza da vida, impedindo-o de desistir no meio do caminho com as suas observações luminosas, que exaltam a temperança e a fé.

A real felicidade
Sharon Salzberg

A Real Felicidade traz um programa que visa a explorar, de maneira simples e direta, todo o potencial da meditação. Baseada em tradições milenares, estudos de casos, relatos de alunos e também em modernas pesquisas neurocientíficas, a autora Sharon Salzberg auxilia os leitores no desenvolvimento da reflexão, da consciência e da compaixão, instruindo-os em um leve passo a passo, durante um mês, rumo à descoberta de quem realmente são e por que estão aqui. Ideal tanto para os meditadores iniciantes quanto para os mais experientes.

Leia Magnitudde

Saúde e bem-estar

A solução para a sua fadiga
Eva Cwynar

Este livro ensina como manter a energia e a vitalidade. Mostra como os hormônios afetam o corpo e o que deve ser feito para equilibrá-los, evitando as famosas oscilações hormonais que esgotam a nossa energia e prejudicam a nossa saúde. A Dra. Eva Cwynar, mundialmente conhecida por seu trabalho com reposição hormonal, menopausa feminina e masculina, disfunção da tireoide, emagrecimento e superação da fadiga, apresenta aqui oito passos que podem nos trazer longevidade e qualidade de vida.

Como dizer sim quando o corpo diz não
Lee Jampolsky

Independentemente de idade ou gênero, em algum momento de nossa vida podemos nos ver diante do que o experiente psicólogo e escritor Lee Jampolsky classifica como problemas de saúde. Não importa o tipo de problema; quer seja uma simples dor nas costas, um distúrbio emocional, ou até mesmo uma doença mais grave, o fato é que, para encontrar a felicidade e o bem-estar, todos nós estamos suscetíveis a enfrentar obstáculos impostos por nosso próprio corpo. Levamos você a encontrar a liberdade, a saúde, o crescimento e a solidez espiritual mesmo na presença do problema físico/emocional mais difícil, auxiliando-o a tornar-se uma pessoa mais feliz, forte e humana que verdadeiramente sabe Como dizer sim quando o corpo diz não.

Leia Magnitudde

Autoconhecimento

Através dos olhos do outro
Karen Noe

Como médium, Karen Noe frequentemente recebe mensagens de arrependimento – entes queridos falecidos comunicam-se dizendo que agora entendem que deveriam ter dito ou feito coisas de formas diferentes quando ainda estavam na Terra. Neste livro, a autora nos mostra que não é preciso morrer para iniciar uma revisão de vida. Devemos fazê-la agora mesmo, antes que seja tarde demais. Escrevendo diferentes tipos de cartas podemos enxergar melhor como afetamos a todos que passam por nosso caminho. Assim, Karen nos traz sua jornada pessoal, mostrando como a sua própria vida se transformou depois que ela passou a escrever cartas aos seus entes queridos. Esta obra é um guia que vai lhe mostrar como escrever essas cartas.

Arquétipos – quem é você?
Caroline Myss

Nenhum de nós nasce sabendo quem é ou por que somos do jeito que somos. Temos de procurar por esse conhecimento de maneira intensa. Uma vez que a curiosidade sobre si mesma é acionada, você inicia uma busca pelo autoconhecimento. Você é muito mais do que a sua personalidade, seus hábitos e suas realizações. Você é um ser infinitamente complexo, com histórias, crenças e sonhos – e ambições de proporções cósmicas. Não perca tempo subestimando a si mesmo. Use a energia do seu arquétipo para expressar o verdadeiro motivo de sua existência. Viver nunca significou não correr riscos. A vida deve ser vivida em sua plenitude.

Leia Magnitudde

Espiritualismo e autoajuda

Um lugar entre a vida e a morte
Bruno Portier

Anne e Evan estão na aventura que sempre sonharam, completamente apaixonados, e viajando pela Cordilheira do Himalaia. O que eles não previam é que uma terrível tragédia iria acabar com seus planos e enviá-los para caminhos totalmente distintos. Uma história de aceitação, uma jornada emocional e espiritual, em que a mente se abre para a possibilidade efetiva de que esta vida que conhecemos não é a única, e que a morte não é o fim de tudo. Inspirado em O Alquimista, de Paulo Coelho, e Jonathan Livingston Seagull, de Richard Bach, o autor explora questões profundas sobre a vida, a morte e o amor.

O Desejo
Angela Donovan

O livro trabalha com o ideário de que pensamentos são desejos disfarçados, e que precisamos desejar algo na certeza de que teremos sucesso para que o êxito realmente aconteça. Ao todo, são 35 capítulos curtos que compõem um passo a passo e explicam como: entender os desejos e o amor, afastar o pensamento negativo, atentar-se para o uso das palavras corretas, adquirir autoconfiança para projetar uma imagem melhor, lidar com os medos, descobrir o papel de nossa vida, compreender a herança genética, alcançar equilíbrio, cuidar do coração, direcionar as intenções, concentrar-se no presente, aumentar a força, dar para receber, ser mais determinado, grato etc.

Vivendo com Jonathan
Sheila Barton

Sheila Barton, mãe de três filhos, sendo um deles autista, conta sua vida, desde o nascimento dos seus filhos até os diagnósticos médicos, os tratamentos errados, as pessoas preconceituosas e o mundo para criar seu filho autista da melhor forma possível. Jonathan é um menino amoroso, feliz, compreensivo e diferente. Suas enormes dificuldades de aprendizado fizeram com que Sheila se esquecesse de tudo o que já ouviu falar sobre crianças e aprendesse a viver de um modo diferente, aprendesse a ser uma mãe diferente. É uma história humana, que vai fazer você entender melhor as pessoas e a vida.

Leia Magnitudde

Mundo animal

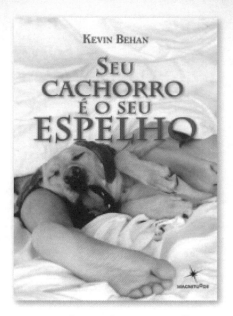

Seu cachorro é o seu espelho
Kevin Behan

Em Seu cachorro é seu espelho, o famoso treinador de cães Kevin Behan propõe um radical e inédito modelo para a compreensão do comportamento canino. Com ideias originais e uma escrita cativante, o livro está destinado a mudar completamente a maneira de se ver o melhor amigo do homem. O autor usa toda a sua experiência para forçar-nos a uma reflexão de quem realmente somos, o que os cães representam em nossa vida, e por que estamos sempre tão atraídos um pelo outro. Fugindo das teorias tradicionais, que há anos tentam explicar as ações dos cachorros, Behan traz à tona a ideia de que as atitudes caninas são movidas por nossas emoções. O cão não responde ao seu dono com base no que ele pensa, diz ou faz. O cão responde àquilo que o dono sente. Este livro abre a porta para uma compreensão entre as espécies e, talvez, para uma nova compreensão de nós mesmos.